企业风险投资理论与实践研究

黄 翔 著

北京工业大学出版社

图书在版编目（CIP）数据

企业风险投资理论与实践研究 / 黄翔著 . — 北京：北京工业大学出版社，2022.1
ISBN 978-7-5639-8231-8

Ⅰ．①企… Ⅱ．①黄… Ⅲ．①企业管理－风险投资－研究 Ⅳ．①F275.1

中国版本图书馆CIP数据核字（2022）第 027442 号

企业风险投资理论与实践研究
QIYE FENGXIAN TOUZI LILUN YU SHIJIAN YANJIU

著　　者：	黄　翔
责任编辑：	张　娇
封面设计：	知更壹点
出版发行：	北京工业大学出版社
	（北京市朝阳区平乐园 100 号　邮编：100124）
	010-67391722（传真）　bgdcbs@sina.com
经销单位：	全国各地新华书店
承印单位：	唐山市铭诚印刷有限公司
开　　本：	710 毫米 ×1000 毫米　1/16
印　　张：	10.75
字　　数：	215 千字
版　　次：	2023 年 4 月第 1 版
印　　次：	2023 年 4 月第 1 次印刷
标准书号：	ISBN 978-7-5639-8231-8
定　　价：	60.00 元

版权所有　翻印必究

（如发现印装质量问题，请寄本社发行部调换 010-67391106）

作者简介

黄翔，男，汉族，广东梅州人，博士研究生学历，讲师，主要从事创业、创业投融资、中小企业管理等方面的研究，在 SSCI、CSSCI 等期刊上发表学术论文 9 篇，主持省级科研项目 2 项，参加国家级科研项目 1 项、省部级科研项目 5 项。

前 言

企业风险投资，是一种非金融机构所提供的投资资金应用模式，所以它最大的特点就是既能够实现对战略布局的有效布置，也能够保证为母公司带来更多的经营效益，而且能够促进被投资企业的进一步发展，从而实现双方共赢。但是，由于投资渠道和方式的不同，也会使企业风险投资工作的开展对母公司带来直接性的影响，因此这就需要针对企业风险投资存在的问题进行分析，进而才能通过对合理化建议的应用来促进企业经营利润的进一步提升。

全书共七章。第一章为绪论，主要阐述了风险投资的含义与特征、风险投资的功能与效应、风险投资的现实意义、风险投资的发展历程等内容；第二章为企业风险投资的现状，主要阐述了企业风险投资的发展条件、企业风险投资的发展现状、企业风险投资存在的问题、企业风险投资面临的风险因素等内容；第三章为企业对风险投资的需求，主要阐述了我国企业风险投资的环境、什么样的企业需要风险投资、风险企业融资需求、融资风险评价原则与融资方式选择等内容；第四章为企业风险投资的运作，主要阐述了风险投资运作的基本要素、风险投资运作程序、风险投资的投资策略和决策方法、风险投资运作的支持体系、风险投资管理等内容；第五章为企业风险投资的风险管理，主要阐述了风险投资的风险类别、风险投资的风险分析、风险投资的风险管理工具、风险投资的风险管理策略等内容；第六章为国外风险投资的模式借鉴，主要阐述了美国的风险投资、欧洲的风险投资、亚洲的风险投资等内容；第七章为企业风险投资的成功案例，主要阐述了搜狐的融资成功之路、灵图的融资成功之路、和而泰的融资成功之路、佳美口腔的融资成功之路、京东的融资成功之路等内容。

为了确保研究内容的丰富性和多样性，作者在写作过程中参考了大量理论与研究文献，在此向涉及的专家学者表示衷心的感谢。

最后，限于作者水平，本书难免存在一些不足，在此，恳请同行专家和读者朋友批评指正！

目 录

第一章 绪 论 1
 第一节 风险投资的含义与特征 1
 第二节 风险投资的功能与效应 4
 第三节 风险投资的现实意义 24
 第四节 风险投资的发展历程 27

第二章 企业风险投资的现状 32
 第一节 企业风险投资的发展条件 32
 第二节 企业风险投资的发展现状 36
 第三节 企业风险投资存在的问题 39
 第四节 企业风险投资面临的风险因素 46

第三章 企业对风险投资的需求 48
 第一节 我国企业风险投资的环境 48
 第二节 什么样的企业需要风险投资 51
 第三节 风险企业融资需求 67
 第四节 融资风险评价原则与融资方式选择 71

第四章 企业风险投资的运作 76
 第一节 风险投资运作的基本要素 76
 第二节 风险投资运作程序 79
 第三节 风险投资的投资策略和决策方法 86

1

第四节 风险投资运作的支持体系 ……………………………… 89
第五节 风险投资管理 …………………………………………… 98

第五章 企业风险投资的风险管理 ……………………………… 105
第一节 风险投资的风险类别 …………………………………… 105
第二节 风险投资的风险分析 …………………………………… 111
第三节 风险投资的风险管理工具 ……………………………… 114
第四节 风险投资的风险管理策略 ……………………………… 118

第六章 国外风险投资的模式借鉴 ……………………………… 125
第一节 美国的风险投资 ………………………………………… 125
第二节 欧洲的风险投资 ………………………………………… 132
第三节 亚洲的风险投资 ………………………………………… 140

第七章 企业风险投资的成功案例 ……………………………… 146
第一节 搜狐的融资成功之路 …………………………………… 146
第二节 灵图的融资成功之路 …………………………………… 148
第三节 和而泰的融资成功之路 ………………………………… 150
第四节 佳美口腔的融资成功之路 ……………………………… 153
第五节 京东的融资成功之路 …………………………………… 155

参考文献 …………………………………………………………… 163

第一章 绪 论

随着金融业和科技产业的崛起，风险投资行业发展迅猛，规模越来越大，促进了各行各业新兴企业的繁荣发展。风险投资作为一种解决企业，尤其是科技型中小企业融资难问题的投融资方式，能够有效促进企业长期发展，因此，对风险投资进行研究十分必要。本章主要分为风险投资的含义与特征、风险投资的功能与效应、风险投资的现实意义、风险投资的发展历程四部分，主要内容包括：风险投资的定义、风险投资的特征、风险投资的功能、风向投资的效应、风险投资体系建立的重要意义以及中国风险投资体系建立的主要意义等方面。

第一节 风险投资的含义与特征

我国风险投资业从创立到发展走出了一条中国特有的道路。1985年中共中央制定的《关于科学技术体制的决定》中，明确提出："对于变化迅速、风险较大的高技术开发工作，可以设立创业投资给予支持。"随之，中国的第一家风险投资公司——中国新技术创业投资公司正式创立，由国家科学技术委员会（简称科委）和财政部共同出资组建，中国风险投资正式创立。1992年邓小平南方谈话巩固了改革开放的发展战略，一些省市科委相继建立了科技风险投资公司，大约有19家风险投资公司创立。1997年，中国民主建国会中央委员会（简称民建中央）提出了"一号提案"，主张大力发展我国风险投资事业，风险投资此后蓬勃发展，其发展速度令人惊叹。

从我国风险投资发展历程可以看出，中国风险投资不可避免地会受经济体制的影响和制约，尤其是政府政策法规的约束，与国际风险投资相比较，现阶段中国风险投资具有自身显著的特点。

一、风险投资的定义

风险投资，简称风投，亦可称为创业投资，经合组织（经济合作与发展组织）将其定义为向中小微企业以提供资金的方式换取股本的方式，投资周期一般为3至7年。2016年，我国对风险投资（创业投资）的官方定义正式形成，即向未上市公司进行股权投资，公司成熟后通过回购或转让的方式退出。

从阶段来看，风险投资一共分为早期、成长期、扩张期、成熟期。第一笔资金注入通常是天使投资轮，即为第一阶段，是投资的早期，也是验证新的商业模式是否可以达到盈亏平衡的关键时段，此时的风险程度极高。从历史案例来看，由风险投资入驻的大约有25%的被投资企业只能铩羽而归，大概有60%至70%的区间比例将受到重挫，谋求其他更好的退出方式，只有大概5%的被投资企业成长为行业巨头，可见孵化程度之低。相对地，此时风险投资的进入成本也为最低。第二阶段是成长期，包括A轮投资和B轮投资，此时被投资企业的主要融资方是风险投资。若企业发展到估值高的独角兽企业时将进入第三个阶段，即扩张期，商业模式和现金流已趋于稳定，前景较为明确，此时融资渠道和方式多元，私募股权基金（收购控股型）开始进入，参与C轮和D轮的投资，此时企业至少已经历五年的时间进行扩张发展，风险投资机构开始考虑退出方式。

退出方式一共四种。具体内容在后续章节将详细展开。

从类型上看，风险投资属于一个广义的范畴，风险投资机构的类型包括财务投资者和战略投资者。财务投资者与战略投资者相比，投资周期相对短些，多为Pre-IPO阶段进入，上市成功立即退出，仅追逐资本快速增值。战略投资者与被投资企业之间的合作难度相对更大，因为引入战略投资者必须为企业带来相契合的产业链上下游联系，看重产业协同效应。

二、风险投资的特征

对风险投资的定义各有解释，但在阐述风险投资时都不约而同明确指出风险投资的对象是特别的，风险投资家们青睐的是处于创业阶段，拥有新型技术，潜力巨大的企业。正是因为投资对象的特别之处造就了风险投资具备以下主要特征。

（一）高风险特征

风险投资之所以在投资前面加以"风险"二字，就是在揭示其高风险的特征。风险从何而来？如刘林园所指出的，风险投资的标的往往是拥有科学及技术创新的项目，且经常被证实为最终失败收场的概率会远远超过成功的概率。何绍田也表示风险投资具有不畏失败的风格和把资金投入到拥有高新技术项目的勇气。

正是因为投资的企业或项目"新"，所以在项目的成长过程中，不能排除会出现各种无法预知，甚至无法解决的问题，从而造成项目的停滞或失败。没有人能保证"新"成果能不能被成功研发，即使成功研发了，也没有人能保证市场的接受度有多高。因为"新"，所以风险急剧提高。

（二）综合性特征

风险投资往往投资的标的是科技型中小企业，常常企业是"新"的，技术也是"新"的。虽然投资"新"项目必然会面临巨大风险，但是投资的本意是要赚取回报，所以风险投资方就有必要加强对风险采取管控。

（三）长效性特征

《关于建立风险投资机制的若干意见》中明确提出："风险投资（又称创业投资）是指向主要属于科技型的高成长性创业企业提供资本，并为其提供经营管理和咨询服务，以期在被投资企业发展成熟后，通过股权转让获取中长期资本增值收益的投资行为。"此解释充分表明了风险投资的长效性特征。

具体来说，"新技术""新产品""新概念"是需要时间的温床成长起来的，风险投资的投资标的具有"新"的特征决定了风险投资成为一种中期和长期的股权类性质投资，关注的焦点不该是项目的近期获利，而在于项目的长期发展性。因此风险投资的出资持股行为和其与被投企业的投资关系也都具有长期性效应。

正如肖金成和黄湘燕研究风险投资的相关特性时发现，由于所投项目的技术转化和市场拓展都需要时间，所以风险投资通常不会在短期内获得丰厚的效益，大多被投项目从进行投资到成功退出，大致需要五年至七年的时间。短期内就能获得投资回报的项目往往处在成熟期，其回报率不太高，与风险投资机构所追崇的风险和收益"双高"的宗旨相左。

还有一些学者的研究也表明由于风险投资关注股权性投资，使其作为被投企业股东与企业利益共融，伴随企业共同成长。企业发展的越好，投资方获得的回报越高。而企业成长和发展不是一个短暂的过程，因此风险投资者和企业往往保持着长期的紧密合作关系。

（四）高回报特征

首先，风险投资的对象"新"的特征决定了高新技术一旦攻克，在推出初期的技术壁垒可以让该项目在相当一段时间内脱颖而出，并由此为投资者带来可观的报酬。

其次，风险投资具有的"高风险"特征是其拥有"高回报"的重要原因之一，所以在一些学者的论述中，多把高风险和高回报放在一起阐述。正因为风险投资敢于进入一般金融工具不愿进入的高风险项目，得到的收益无须与众多投资者分享，因而带来一般金融工具所无法达到的高回报。

最后，虽然风险投资不可能每个项目都获得成功，大概率情况为失败的投资远甚于成功的项目，但是风险投资能够以少数成功投资所获的巨额回报来覆盖失败投资的损失，并获取可观的差额收益。

（五）其他特征

除去以上四项主要特征外，风险投资还拥有诸多特征，如多样性、稳定性、安全性等。多样性，即可在不同风险投资公司和基金中转换，具体来说就是单一项目可以由多家风险投资公司共同投资，也可以按照项目进程，先后进行资金投入；稳定性，即相较于个人投资，风险投资机构组织架构多为企业方式，其决策须经多人组成的投委会协调一致后形成，不以个人喜好而决定资金的去留；安全性，即由于风险投资者是以得到高效投资性收益为目的，而不进行实际的生产，因此，属于纯金融投资者，对于被投资方来说，在合作的过程中相较同行企业，几乎不存在技术剽窃、强制转让等各种问题。

第二节 风险投资的功能与效应

一、风险投资的功能

（一）筛选功能

风险投资机构与企业之间存在信息的高度不透明。风险投资机构对项目的具体情况并不能充分了解，企业可能存在刻意隐瞒的现象。譬如创新人才的技能掌握及敬业程度、创新项目的质量等，因而极有可能出现"劣币驱逐良币"的情况。假设风险投资机构盲目地接手了一个项目，事后才发现该项目天生就存在问题。哪怕风险投资机构可以依靠自身的资源与专业进行各项补救，该项目失败的概率依然很高。因此，为规避不必要的损失，风险投资运作的第一件事就是项目筛选。风险投资机构对创新项目进行详尽的事前调查并正确评估其价值，从而挑选出最优的投资方案，是这一阶段的主要任务，为整个创新投资活动奠定了成功的基础。

风险投资的重点投资对象是未来成长空间大的创新型中小企业，因而在筛选过程中比较注重企业的创新能力。然而，企业研发出创新成果后，难免会被其他企业模仿，从而使创新红利被窃取，创造的社会价值就会远远高于企业自身收益。换句话说，企业创新能产生正的外部性和非排他性，因此，风险投资机构应该选取创新壁垒高、垄断实力强的企业。同时，风险投资机构是由出色的专业投资者进行投资管理的，这些人往往具有多年的从业经历、扎实的专业素养、广泛的网络关系和独到的投资眼光，因此风险投资能够甄别出上升空间大的创新项目，进而识别出创新水平高的优质企业。

风险投资机构不同，项目筛选的标准通常也不同。除了项目的创新质量外，常见的标准具体有：一是地理位置，对比于地理距离远的项目，风险投资机构不但早期能够相对更简单地知晓近距离项目的背景信息等，而且后期向近距离的项目提供监督管理等增值保障时也更方便；二是投资规模及股权比重，根据自身的规模，风险投资机构一般会设置单个项目的投资规模上限和股权比重下限，高于该投资规模的项目超过了风险投资的风险承受范围，低于该股权比重的项目则不能保证风险投资机构在董事会的利益，将不予考虑；三是行业属性，风险投资者不是万能的，有相对擅长与熟悉的领域，熟知特定行业的政策和前景，由此，风险投资机构会倾向于与某些行业合作；四是发展阶段，项目不同的发展阶段能够产生的投资回报率千差万别，同时对资金、人才等的客观要求也会有区别，风险投资机构通常会挑选初创期或种子期、发展前景好的企业，以分享其高速成长所带来的收益。

严谨复杂的筛选程序使得创新项目在筹备阶段就面临残酷的竞争。为取得风险投资的资金支持，中小企业将更加谨慎，前期会做大量的准备以保证创新项目的可行性和未来收入，如市场调查、技术保障等。此外，风险投资机构的青睐也是对中小企业创新项目的一种认可，进而使外界其他投资者认定该项目的创新质量并也想注资加入分羹，有利于创新项目规模的扩大及企业创新活动长期展开，起到正向示范的效用。

总体上，风险投资机构积极搜寻、创新型中小企业自觉申请及中介机构有偿提供是项目的三大来源渠道。一般而言，风险投资机构的声誉越高，人脉网络关系往往更广泛，更容易接触到多种多样的项目，同时，投资经验常常更丰富，对项目创新空间大小判断能力更强，选择到拥有合适项目的卓越企业的机会更大。

（二）监督功能

风险投资发挥监督功能主要体现在：通过采取增设外部股东、董事等其他高管席位的方式，改善企业管理体制落后的情况。风险投资增设的高管有一定的发言权，可以参与企业的重大经营决策，规范企业管理，一方面会支持企业合理的决策，另一方面也会制约不合理的决策，避免因决策失误给企业带来严重损失。同时，风险投资也能够给企业带来前卫的管理制度和理念，发挥风险投资的优势，提高战略高度，减少错误投资，提高资源配置效率。但是由于风险投资机构和企业之间的目标和利益存在差异，会出现意见分歧，风险投资机构可能会为获取高额回报而严格要求企业，如风险投资机构在对企业的管理过程中可能会对企业的营业增长率、资产负债率等制定明确的标准，当企业不能达到其制定的目标时，就可能会停止下一轮的投资，而企业为避免出现这种情况可能会通过技术创新提高企业利润率，提升企业财务绩效。

（三）促进企业技术创新

1. 提供资金支持，缓解融资约束

企业技术创新的关键就是融资，若融资问题无法有效解决，那么一切技术创新的设想都只是空谈。在企业技术创新的过程中，每一个发展阶段都需要大量的资金支持。在产品开发阶段，需要投入大量的科研资金，这也是风险投资的第一笔资金投入。在技术的成长阶段，经过前期努力，技术创新已经转化为了成果，现阶段面临的主要问题是如何推广销售，是否会被市场所接纳。为了占据一定的市场份额，此时就需要足够多的资金作为支撑。在技术成熟阶段，市场需求达到了饱和，市场竞争激烈，企业想要保持自身的核心竞争力，就要对原有的生产方式进行改造升级，这也就需要大量的资金支持。到了最后技术衰退阶段，风险投资在取得收益后就会退出该企业，转而寻找下一个创新项目。风险投资在缓解企业技术创新项目融资约束方面，不仅为企业提供了足够的科研资金支持，还有技术方面支持、管理咨询等，同时还可以吸引其他投资者参与融资，间接缓解了融资约束。

2. 降低信息不对称程度

风险投资选择投资的对象并不是盲目选择的，风险投资机构是具有专业背景

知识的投资方,可以对企业做出精准评估,从而降低信息不对称程度。在投资决策阶段,企业可能会有未公开的重要信息,风险投资机构利用其专业的调查团队对被投资企业的财务、信用、技术创新项目、发展前景等进行调查分析,可以降低由于信息不对称造成的对企业价值的不正确评估,同时也会向市场上传递该企业具有较大的发展潜能。在投资以后,风险投资机构大多会参与企业的后续发展与经营管理,这样便于更好地了解所投入企业的项目发展情况以及企业的经营情况。此外,风险投资也是分阶段进行的,项目初始投资后,企业发展良好,则会进入下一阶段的投资;若发展不好,风险投资就会停止投资,选择退出,这也是向市场发出了信号。同时,投资失败也会对风险投资机构产生负面影响,所以风险投资机构也会尽量避免此现象的发生,利用自身的资源和团队,为企业技术创新提供服务,促进企业的价值得到提升。

3. 提供非资本增值服务

风险投资机构对创新型企业不仅会提供资金支持,还会提供一些非资本增值服务,包括管理、人力资本、市场资源、发展战略等,根据企业的生产过程可以分成两个方面。一是经营管理方面,风险投资机构会参与企业的运营管理过程,并在发展、经营战略以及高管任用等方面提供帮助。因为初创型企业通常会缺乏管理经验,而风险投资机构拥有较为丰厚的资源和管理经验,可以为企业提供相应的指导。二是人力资本及市场资源方面,在企业的产品创新和生产阶段,风险投资机构可以利用自身的经验和对各个行业产品市场的调研和了解,帮助被投资企业选择拥有高需求,风险小的项目;在研发阶段,可以为企业提供优秀的研发人员;在销售阶段,可以为企业搭建市场伙伴,营销网络以及销售渠道建设等,为企业提供实时性的帮助,推动企业技术创新成果的转化。

二、风险投资的效应

(一)空间集聚效应

1. 空间集聚效应概述

风险投资在许多国家的发展历程都体现出高度空间集聚的特征。早在1988年,弗洛·里达(Florida)和肯尼(Kenney)构建了美国风险投资空间分析模型,证明了美国风险投资的发展主要聚集在美国的金融与高科技产业中心,并向具有高回报与充足投资机会的地区非均衡扩散。麦克诺顿(McNaughton)和格林(Green)研究了加拿大的风险资本市场,发现加拿大的风险投资活动也存在着地域分布非常不均衡的现象，其原因主要是受加拿大各城市间地理距离的影响，风险投资家倾向于投资离自身活动范围较近的区域以降低信息不对称性的风险。勒默（Lemer）研究发现物理距离对风险投资家进行投资决策具有重要影响。在其他条件相似的情况下，风险投资家更加青睐投资物理距离更近的投资项目，因为物理距离更近的投资可以有效地降低风险投资机构的监督和交易成本。所以，风险投资家会更愿意投资本地的企业。赫尔曼（Hellmann）指出社会关系对风险投资也有非常重要的影响，风险投资家更愿意对具有社会网络联系并且空间距离较近的创业者进行投资。鲍威尔（Powell）等人对美国风险投资活动的地区分布和市场规模进行研究后，发现美国的风险投资活动主要聚集于硅谷、波士顿等高科技产业和金融投资业发达的地区。陈（Chen）、卢茨（Lutz）、本德尔（Bender）和阿克利特纳（Achleitner）等人的研究均证实了风险投资的交易概率与投资绩效和投资事件空间距离的临近性存在着显著的正相关关系，风险投资家更倾向于投资地理距离临近的本地企业，以获取更高的投资回报率和更加稳定的项目来源。张（Zhang）开创性地对中国风险投资的空间分布进行了实证分析和研究，他发现中国的风险投资活动主要集中在北京、上海和深圳等经济发达地区，对被投项目的空间临近性、联合投资的投资网络，以及与政府部门之间的关系，具有非常强的依赖性。

随着风险投资在中国各大城市的蓬勃发展，国内的学者也开始逐渐关注到中国风险投资发展的区域不平衡以及区域聚集现象。佘金凤和汤兵勇、王曦和党兴华、寸晓宏和卢启程、汪明峰等学者，从新兴企业的创新成果对风险投资的吸纳效应、投资组合地理距离、复杂网络等角度出发，通过复杂网络的网络中心度、凝集子群等分析方法，分析和探讨了中国风险投资区域分布的形成机理。其中汪明峰等的研究结果表明，中国风险投资形成了以北京、上海、深圳为关键核心的城市投资网络。郑秀田研究发现在风险投资投资地的选择中，投向风险投资越集聚的区域，能培育出越多的新三板公司，而区域研发支出对新三板公司的空间扩散现象也具有正向的促进作用。

从目前已有的研究和分析来看，风险投资在全世界各国均呈现出较为一致的空间发展规律，各个国家的学者从区位理论、新经济地理学、金融地理学、空间经济学等不同的角度对集聚现象的成因和发展现状进行了解释，但是大部分的研究仍停留在静态的描述统计分析层面，很少有研究将"时间维度"纳入研究框架之中，在本节中将采用"时空分异"的研究视角，动态地研究风险投资在空间集聚上的发展变化，系统性地归纳总结风险投资在中国的空间演化机制和未来发展趋势，为不同地区的政府因地制宜地制定风险投资发展战略提供切实可行的事实参考。

2. 空间集聚的演化动力

任何产业集聚的发展都是一个从无到有、从简单到复杂的过程。风险投资空间集聚的演化动力机制具有与产业集聚的相似性，但由于风险投资行业本身的特点，其集聚的形成又具有一定程度上的特殊性，产业集聚相关理论的引入有助于解释和分析风险投资空间集聚的演化动力。在现代商业社会，某个行业的企业先是在简单的产业环境里与其他一两个同行业企业形成简单的集聚，随后由于产业的发展和变化，相关上下游的企业越来越多样，反过来又影响产业环境的改变，直到逐渐演变成复杂的产业集聚系统。在这一发展过程中，企业的外部环境因素和内源需求起着决定性的作用，风险投资空间集聚演化的动力同样来自系统外生的环境因素和内生要素的影响，分别可称之为风险投资空间集聚演化的外生动力和内生动力。

（1）风险投资空间集聚演化的外生动力

风险投资的空间集聚包含风险投资机构的空间集聚和风险投资对象的空间集聚两个部分的内容。由于风险投资机构占地面积小，从业人员少，是典型的资本密集型产业，在此分析的目标主要是风险投资对象，即风险投资所投企业的空间集聚现象。影响风险投资所投企业空间集聚的外生动力要综合考虑区位因素、市场环境、人力资本和政策支持等多方面外部环境因素共同的影响。

第一，区位因素。创新创业活动的发展与地区区位因素密不可分。风险投资机构在进行风险投资空间决策的时候，必须对被投企业的区位因素进行严密考察。已有的许多文献均已证明风险投资具有非常突出的本地偏好的特征。风险投资的空间行为依赖于风险投资家的社会网络与空间活动范围，地理临近性有助于降低信息不对称程度，减少交易成本和投资风险，所以风险投资者一般倾向于投资本地企业，以获取稳定的项目来源和较高的投资回报率。发达的通信手段和便利的交通设施是风险投资机构加强对被投资企业监管，提供战略辅导培训，增加信息沟通，优化企业与产品结构，介绍上下游供应商与发展商业合作伙伴等价值增值活动必不可少的途径。便利的交通条件以及与风险投资机构的地理临近性是促进地区风险投资活动发展的重要区位驱动因素。

第二，市场环境。良好的创业氛围与强烈的创新意识是发展地区创业企业，吸引风险投资必不可少的市场因素。当地区创新活动不断深化发展，有高成长机会的创业企业不断增多，风险投资机构有众多投资机会的情况下，风险投资活动必然会向该地区聚集,形成风险投资空间集聚的现象。风险投资行业是一个开放的行业,它的发展与经营非常依赖与外界物质、资金、信息的交换。健康有序的市场环境可以为风险投资的发展提供良性的竞争环境,加速不同风险投资机构的信息传递,扩大风险投资机构的市场份额,促使创业企业之间产生协同效应。良好的市场环境也可以起到引导示范作用,吸引大量高素质的创新创业人才,降低发展过程中的交易成本,减少基础设施建设过程中的高额成本,为新的风险投资活动的发展提供源源不断的养料,促进地区风险投资活动不断发展壮大。

第三,人力资本。从历史上来看,风险投资的集聚和发展与当地的人力资本储备是密不可分的。因此,人力资本对于风险投资的发展与空间集聚也起到了不可或缺的推动作用。

第四,政策支持。风险投资投资期限长、投资风险大,其发展和壮大离不开政府的支持。在融资阶段,没有政府提供相对完善的法律法规,风险投资机构很难打消投资人的顾虑,吸收到足够的投资基金;在投资阶段,没有政府依法对失信创业者进行监管和处罚,风险投资面临非常高昂的代理成本和道德风险,会大大降低风险资本市场的活跃程度;在投后管理阶段,没有政府提供政策指引和相关法规政策,风险投资机构的过度干预也有可能会扼杀创业企业的发展积极性,导致风险投资机构与创业者之间的矛盾难以调和;在退出阶段,没有政府提供完善的退出机制和证券市场,风险投资会面临资金难以退出的困境,严重阻碍了风险投资机构的长远发展。可以说,风险投资从建立、投资到退出的方方面面都离不开政府的监管和支持。因此,高效完善的政府支持系统是促进风险投资空间集聚、发展地区风险投资行业的奠基石。

(2)空间集聚的内生动力

风险投资的发展壮大与空间集聚既离不开外生动力的支持,也需要风险投资行业本身内在动力的支持。从已有的研究来看,决定风险投资空间集聚的内生动力有以下几个方面。

第一,行业竞争。竞争是市场经济发展的核心要素,风险投资是联系投资者和创业者的桥梁。这意味着风险投资行业既有不同风险投资机构对筹集风险投资资金的竞争,也有不同风险投资机构对争夺优秀创业项目投资机会的竞争。良性的市场竞争有助于风险投资机构提升自身投资管理水平,提高资金使用效率,不断挖掘自身潜力,为被投资企业提供更好的投后管理服务。由于集聚带来的信息集中,可以使风险投资更快掌握创业企业动向、了解行业发展新进展、识别不同创业企业背后的真正潜力,进一步提高投资成功率,创造更大社会价值与经济价值。

第二，创新激励。不同于其他的金融行业，风险投资行业需要对不同类型的技术进步保持更加敏感的学习态度。风险投资的投资对象是具有高成长性的创业企业，而创业企业的高成长性很大程度都来源于创业企业的技术创新。技术创新是一项高投入、高风险的行为。大型企业由于资金实力雄厚，可以通过独立投资建设实验室或科研所的方式进行科技研究；而中小企业由于资源有限，往往需要外部资本的帮助才能将创新转化为生产技术或者产品。风险投资的出现为中小企业提供了将创新转化为成果的关键资本。但是现在高科技的发展日新月异，风险投资机构与所投企业聚集在一起，有助于风险投资机构加强与创业企业的沟通和经验交流，减少信息不对称，加强对最新商业模式和技术发明的学习和了解，有助于提升风险投资机构的整体竞争实力。

第三，知识溢出。知识溢出是知识在不同的个体之间传播、增长、积累和扩散的动态过程。不同的风险投资机构聚集在一起，有助于风险投资机构之间交流投资的心得，把握技术进步的最新动向，发掘潜在的高成长项目，识别风险投资行业的系统性风险。风险投资机构将外部的知识向内转化，可以提升风险投资机构的创新学习能力和风险识别能力，提高风险投资机构对行业发展趋势和市场动向的把握能力，从而提高知识在集聚区域内的传播效率，促进更多创新产品和商业模式的孕育、成熟和应用。

（二）认证效应

企业得不到外界资金支持的很大一部分原因是企业与外部资金持有者之间存在着严重的信息不对称，企业价值得不到外部投资方的关注和信任。一方面，信息不对称的存在使得投资者处理公开信息的成本增加，依靠私人信息进行交易的频率增加，投资者投资意愿下降；另一方面，信息不对称的存在会导致市场资源错配，使得发展潜力和经营能力好的企业得不到资金支持，而发展潜力相对较弱、经营风险相对较大的企业反而会得到外部资金支持，这对于处在市场投融资关系中的信息劣势地位的投资者而言，投资风险随之增加。投资者为补偿自身承担的风险溢价，会选择提高贷款成本或者其他补偿方式，企业融资成本会随之增加，融资约束也会更加严重。风险投资机构的认证效应会有效地减少这种现象的发生，因为风险投资机构会向外部投资者传递有关企业的信息，降低投资者依据私人信息进行交易的频率和对公开信息的处理成本，增加投资者投资意愿。同时，风险投资对企业价值的认证作用会使得投资者将资金投向发展潜力和经营能力更好的企业，这不但会使市场资源得到更加有效的配置，而且会使投资者投资风险降低，企业融资成本也随之降低。因此，风险投资会通过认证效应降低被投企业与投资者之间的信息不对称，缓解企业融资约束。

（三）溢出效应

1. 溢出效应的具体内容

风险投资的发展对世界各国新科技和新产业的发展都起到了不可忽视的重要作用，20世纪90年代以来以美国硅谷为代表的"新经济"的产生和发展与风险投资的支持是密不可分的。在这一轮"新经济"的诞生与发展过程中，新的知识是核心要素，但是新知识由于开发周期长，风险大，需要大量资金投入。因此，风险投资在培育创业项目，促进新知识的研发和交流中起到了至关重要的作用。具体而言，风险投资在促进新知识和商业模式产生和溢出的过程中发挥了以下作用。

第一，新技术和新知识的产生与推广。从美国硅谷"新经济"的产生和发展过程来看，风险投资作为资金的投入方，成了高新技术产业信息、知识、理念与技术的重要载体。不同学历专业与任职背景的研发者与创业者共聚一堂，交流沟通，相互学习，碰撞产生出思想的火花，极大地促进了美国硅谷的技术研发和创新，新的商业模式也得到了非常好的传播与扩散。风险投资的溢出效应为促进美国硅谷"新经济"的繁荣与发展起到了举足轻重的关键作用。

第二，刺激和创造新的市场需求。苹果公司的前任总裁乔布斯曾经说过："消费者并不知道自己需要什么，直到我们拿出自己的产品，他们才发现，这是我要的东西。"风险投资支持创业企业发展的过程中，也出现了大量类似的案例。特别成功的产品与商业模式通常都具有非常强的颠覆意义，它们的出现打破了消费者与市场的原有认知，刺激和创造出来了许多新的商业机会。在风险投资的支持下，颠覆性的产品和商业模式大量涌现，风险投资机构结合自身的人力、物力，大力宣传，获得了更大的示范效应和规模效应，产生了更多的市场机会。

第三，促进经济结构升级。不论是时间还是金钱，资源总是有限的。没有旧日的产业被颠覆、被替代，就没有充足的资源流向新的产业。风险投资对高新技术产业的支持和鼓励，可以引导更多的年轻人和资源涌向新兴产业，使得新的生产方式和技术向旧的产业进行扩散、渗透和替代，对增强一个地区，甚至是一个国家的经济活力和市场效率发挥了重要的作用。

第一章 绪 论

2. 溢出效应的实现路径

（1）知识创新

知识是新经济之源，失去了知识创新，新经济的发展就成了无本之木、无源之水。风险投资，一方面可以为企业高新技术的研究和开发提供资金来源，另一方面可以引导社会资金流向知识创新环节，为知识创新的发展提供外部激励。随着风险投资的不断扩张和风险投资行业的蓬勃发展，流向支持企业高新技术发展的资金也越来越充实，为研究和开发活动的持续开展以及知识创新的发展提供了重要的保障。

（2）技术扩散

风险投资通过投资高新技术产业，促进了经济发展过程中生产率和竞争力更高的部门的发展，对其他的部门和产业也起到了示范带头效应，会极大地激励技术落后的产业和部门革新自己的技术，促进技术落后产业和部门努力提高自身的生产效率。同时，高新技术在风险投资的支持下，也可以更快地实现商业化和规模化，使得高新技术产品可以更快地在市场上获得普及，反过来进一步促进新技术的发展和扩散，进一步巩固风险投资的溢出效应。

（3）人力资本的累积

人力资本的累积在经济发展的过程中具有非常重要的作用。高新技术产业工作经验的累积可以使人才在运用高新技术进行生产和发明创造时比缺乏经验的人更加熟练，效率更高，成为规模报酬递增的源泉。风险投资是一个高度依赖经验和技术的行业，如何筛选与甄别好的创业项目和创业团队，需要成功、有经验的风险投资家向年轻的风险投资从业者进行"师傅带徒弟"式地传授与教育，这个过程有利于人力资本的传递与累积，有助于进一步扩散风险投资的影响力。

（4）企业经营管理经验与制度

风险投资机构作为联系创业企业和投资人的桥梁，会与许多创业企业建立监督与被监督、指导与被指导的关系。在与众多企业的交流沟通之中，风险投资机构可以发现各个企业最有优势的经营制度和管理经验。风险投资机构可以将这些先进的管理知识和经验进行整合，对管理相对落后的企业进行具有针对性的指导和培训，帮助缺乏管理经验的创业者更好地管理企业，改进企业经营管理制度，促进先进管理经验与制度在创业企业之间的传播与发展。

（四）企业价值增值效应

1. 企业价值增值效应的概念及其内涵

风险投资与创业企业之间不仅是相互依赖、相互合作的关系，更是利益相通、价值互递的共同体。对于创业企业来说，风险投资不仅是企业价值增值的重要外部源泉，更是企业实现价值增值过程的有力推进者和践行者，因为得到了风险投资这种特殊资本的支持，使得创业企业能够更加快速地赢得竞争优势、获得市场认可，从而实现自身价值增值。对于风险投资来说，风险投资机构通过为创业企业提供增值服务、监督控制、外部认证等企业成长所需的关键资源，从而推动企业持续发展壮大，最终实现资本增值，积累较高的行业声誉。

目前，少有文献对风险投资企业价值增值效应的概念进行明确界定，但许多学者对风险投资与企业价值增值的关系进行了较为广泛的研究。泰坤（Tyzoon）和艾伯特（Albert）开启了风险投资企业价值增值效应研究的大门，发现风险投资在投资企业的过程中不仅能够提供资金，而且还能参与企业的经营决策，提升企业管理能力，随后引发了学术界对风险投资企业价值增值效应的广泛关注，学者们分别从不同视角对风险投资企业价值增值效应进行了研究。本书在借鉴前人研究并结合风险投资运行机制、发展特征的基础上，尝试将风险投资企业价值增值效应定义为：风险投资机构凭借自身专业的知识积累、丰富的投资经验和广泛的社会网络联系，为企业提供上市支持、管理参与、战略咨询、行业认证等特色化增值服务，并对企业经营决策、投资活动、发展计划进行科学指导与密切监督，从而协助企业完善内部治理机制、提升核心竞争优势、优化投融资行为、实施有利的发展战略，进而提高企业的财务绩效和市场表现，最终实现企业的价值增值。

概括来说，风险投资企业价值增值效应主要有以下几层含义：①风险投资区别于传统的融资方式，风险投资与企业之间是一种合作共赢、价值互递的双向过程；②在投资企业的过程中，风险投资机构不仅会为企业提供发展资金，还会提供管理知识、投资经验、关系网络以及外部认可等企业成长发展需要的稀缺性关键资源；③作为企业重要的机构投资者，风险投资机构兼具了股东和管理者的双重身份，会参与企业的经营管理决策、指导企业开展良好的投资活动、制定科学的发展计划并对其进行严格密切的监督；④风险投资机构通过一系列增值服务和监督指导，以期提升企业的核心竞争优势、完善内部治理机制、优化企业的上市流程、规范投融资行为、提高企业发展战略的实施进程与实施效率，最终实现企业盈利能力和市场回报水平的持续稳步上升。

第一章　绪　论

2. 风险投资发挥企业价值增值效应的影响渠道与机理分析

（1）技术创新渠道

企业技术创新是一个"研发投入—创新产出—创新成果市场化—下一轮研发投入"的循环过程，风险投资机构为企业提供的增值服务、监督控制、市场认证等支持与服务机制为企业技术创新过程的有序运转提供了充足的支撑和保障。就其作用机制而言，主要表现在以下五个方面。

第一，风险投资介入为企业开展创新活动提供资金支持与保障。资金作为企业发展过程中最重要的"资源"，是企业发展壮大的必然要素。对于具有高投入、高风险、周期长的创新活动来说，更是如此。对于创业企业而言，自身拥有的资源较少、能力有限，社会关系网络相对稀疏，且未来发展存在较大的未知性。因此，创业企业往往存在较严重的融资约束问题，资金短缺是制约创业企业发展的重要障碍。传统的金融中介机构，如银行、证券公司、保险公司等，出于投资项目周期和投资收益安全性的考虑，不能为创业企业提供相应的融资服务。而且，在创业企业发展初期，由于其发展规模、经营水平、财务绩效指标未能达到企业上市的要求，创业企业也不能在一级资本市场中实现融资目标。但对于风险投资机构而言，其对高风险高回报的追求与创业企业的发展特性不谋而合，加之风险投资机构具有的专业优势，使得风险资本已经成为创业企业融资的首要选择。风险投资的介入不仅能够通过股权投资的方式直接为企业注入发展资金，帮助企业实现创新过程中的资本累积，还能够利用风险投资机构广泛的社会网络为企业提供后续融资服务，如引导政府扶持基金进入企业、帮助企业通过资本运作进一步增资扩股、吸引外部投资者对企业的关注、增加企业信贷资源获取渠道等，从而为企业创新活动的有序开展发挥强有力的后续融资功能。

第二，风险投资介入为企业技术创新过程提供专业化、多元化的增值服务。相比传统的融资服务，风险投资机构向企业提供的专业化、特色化、多样化的增值服务则更能推动企业的成长与发展。资源基础理论和社会网络理论认为，风险投资机构作为专业度较高的机构投资者，在进行投资实践的过程中，通过不断的自我学习与外部扩展，积累了丰富的市场资源，且在社会网络联系中处于较为优势的地位，从而能够为企业开展研发创新活动提供优质的人力、技术、信息等资源与保障。在企业创新活动发展的不同阶段，风险投资机构为企业提供增值服务的侧重点也略有不同。在创新活动的调研和计划阶段，风险投资机构会利用自身广泛的社会网络联系帮助企业收集意向研发投资项目的相关信息，并凭借丰富的投资经验协助选择具有良好发展前景的研发项目，制订合适的创新拓展计划和技术开发战略，组建实力雄厚的研发团队等。在创新活动的实施阶段，风险投资机构会为企业研发活动的顺利开展提供多元化的技术和信息资源，并根据国际、国内以及行业研发现状及时地对企业研发活动的实施过程进行指导和修正，从而保证企业创新活动有序进行。在创新活动的市场转化阶段，风险投资机构不仅能够密切关注产品市场发展动态，及时捕捉竞争对手和消费者的关键信息，并通过完善的信息反馈机制及时地反馈给投资企业，而且还能根据企业的技术和产品特征帮助企业制定个性化的创新成果市场推广与运营战略，从而使投资企业生产的新产品能够较快地适应并占领市场，加速企业创新产出的市场化进程。

第三，风险投资介入能够对企业创新过程进行有效的监督与控制。风险投资支持不仅能够为企业提供全面的增值服务，还能通过相应的投资契约对企业的创新活动进行严格的监督与控制。监督理论认为，风险投资机构出于自身利益的考虑，会以外部股东的身份对企业的经营管理、决策执行以及内部治理活动进行有效的监督。处于萌芽期或发展期的创业企业，往往面临着内部组织结构混乱、协调机制尚未健全以及外部环境复杂多变的困境，因此在开展创新活动时存在较多的困难和障碍。而风险投资机构作为独立的机构投资者，会对企业创新活动的决策制定和执行情况进行密切监督，并对企业创新活动的风险进行有效的识别与控制，以此保障企业创新活动的有序进行。此外，风险投资介入还能进一步优化企业的内部治理结构和机制，以防发生道德风险或不可预知事件对交易主体造成不利影响。董事会是企业最重要的监控机构，而在企业股东中具有重要影响的风险投资机构会通过进入董事会的方式对企业的内部治理结构与机制进行严格的监督与管理。这不仅有利于企业在开展创新活动的过程中有效地防范风险，提前预知企业内部经营管理者以及外部竞争对手的机会主义行为，还能提高企业内部治理结构的相对独立性，使企业面对创新风险时能够及时地采取相应化解措施，提高企业的风险控制决策质量，为企业创新活动的顺利进行提供充足的制度保障。

第四，风险投资介入降低了企业创新过程中可能引发的代理成本。委托代理理论认为企业经营管理实践中主要存在三种委托代理关系，而风险投资机构在投资企业的过程中的委托代理关系主要表现为第一种，即股东和管理者之间的委托代理问题。当风险投资机构向投资企业注资后，投资企业可能会违背其与风险投资机构签订的投资协议，未按照投资协议内容开展企业知识开发和技术投资相关活动，且在开展创新活动的过程中，企业经营管理者可能过于追求自我利益而降低在创新活动中付诸的努力程度，从而产生较高的代理成本。风险投资的介入是为了日后通过企业上市、并购或出售股权等方式来获得高额收益，而获得高额收益的前提是企业具有较大的发展潜力且被外界看好，因此风险投资机构会不断监督并激励企业提升自身价值。创新作为企业发展的核心动力，已经成为衡量企业未来增长能力的重要指标。

所以，风险投资介入企业后，可以通过派驻董事的方式参与企业的研发创新战略计划，协助企业营造有利于开展创新活动的公平透明的内部氛围，并对企业创新计划的执行过程进行严密监督，从而尽可能地减少企业管理或研发人员在创新过程中由自利行为而引发的代理成本，激励企业管理或研发人员在创新过程中的努力投入程度，进而不断提高企业创新活动的执行效率。

第五，风险投资介入缓解了企业创新过程中的信息不对称。企业的创新研发活动是一种高风险的长期投资活动，并且为了保证创新资源的安全，企业通常不愿将研发项目的详细信息和进展情况对外披露，由此形成高度的信息不对称。认证理论和信号传递理论认为，由于投资者和内部人在企业的经营管理状况、财务状况以及发展潜力等方面的信息收集和掌握情况存在较大差异，因此信息优势方（企业股东及管理者）应该向信息劣势方（外部投资者）传递企业价值的有效信息，从而降低企业内外部的信息不对称。然而，企业为了提升自身的外部形象，在对外披露企业信息时，往往倾向于隐藏企业的负面信息，而着重对外公布企业的正面信息。此时，作为独立的第三方，风险投资的介入能够有效地缓解企业在创新过程中的信息不对称。这主要是因为，一方面风险投资机构作为专业的、理性的投资者，会利用自身长期积累的知识、投资经验以及拥有的社会网络资源对企业的研发项目进行仔细判断与评估，从而有利于增强外部投资者对企业发展的信心；另一方面风险投资机构的介入还能规范企业的内部治理结构，影响企业的信息披露行为，提高企业的信息披露质量，从而降低企业内外部的信息不对称程度。此外，风险投资机构享有较高的行业地位和声誉，其向企业投资这一行为本身就能够向外部市场传递企业具有较大发展前景的积极信号，有利于吸引外部投资者的关注，从而发挥良好的信息传递功能。

但是，风险投资机构在对企业创新行为和创新成果转化产生积极影响的同时，也会由于自身存在的一些限制和不足，从而可能会对企业的创新过程产生某些不利影响。例如，风险投资机构可能不会理性评估与预测能够产生更高收益的超前创新项目，在投资的过程中忽视企业学习接触更复杂、更超前的新知识、新技术，而仅仅关注更为传统的技术和创新成果。出于自身运行机制的考虑和保障收益的目标，与研发周期较长、技术复杂程度更高的创新项目相比，风险投资机构可能会更倾向于指导企业开展在短期能够产生较大收益的传统创新项目，从而无法实现企业创新资源的最优配置，降低了企业创新投资的效率，进而可能对企业的创新成果产出产生不利的影响。

（2）IPO超募渠道

风险投资协助企业顺利上市是风险资本实现高额投资回报，完成投资循环的理想方式。在推动企业上市的过程中，风险投资机构不仅会辅助企业进行有序的前期准备，包括制订科学合理的资金募集计划、选择合适的第三方承销与审计机构等，还会影响企业上市后募集资金的使用方向和效率等。就其作用机制而言，主要表现在以下四个方面。

第一，风险投资介入能够在企业上市过程中发挥良好的市场认证功能。创业企业成立时间较短，拥有的市场资源和能力相对不足，内部组织结构尚需完善，因此其经营发展存在着较大的不确定性。认证理论认为，外部投资者在资本市场中不能获得充分的反映企业真实价值的信息，风险投资的介入能够降低企业内外部的信息不对称程度，起到较好的市场认证作用。作为长期的战略性投资，风险投资重视与投资企业建立合作关系，这种特殊的战略融资有助于投资企业优化治理结构。在这种特殊的战略融资关系中，风险投资机构能够获得企业的信息优势，并且有充足的动力和能力来促进企业发展，并且协助企业建立有效的激励约束机制，减少风险投资与企业管理层之间的契约摩擦和沟通摩擦。风险资本在投资企业的过程中会将自身的专业知识、投资经验以及企业治理能力源源不断地注入创业企业中，并积极参与企业的日常经营管理，监督企业财务信息披露的真实性和有效性。因此，从某种意义上来说，风险投资机构可以作为企业的"内部人"向外部市场传递企业价值的可靠信息，降低企业的信息不对称程度，从而引导外部投资者根据企业的真实价值和发展潜力来优化自身投资行为，以防发生新创企业首次上市发行定价过低或过高的风险。此外，在推动企业上市的过程中，风险投资机构还会利用自身拥有的市场资源和社会网络进一步强化对投资企业的认证作用，以此为企业提供更有力的支持和保障。

第二，风险投资介入会对企业上市融资和后续投资过程提供科学的决策指导。作为企业价值的"创造者"，风险投资更加关注企业长期的发展能力，相对于短期套现收益来说，获得企业股权的长期价值增值才是风险投资的目标。风险投资机构不仅能够在市场上为企业提供认证服务，还能够在上市融资和后续投资的过程中为企业提供发展规划、决策参与、战略指导等支持行为。在上市融资方面，风险投资机构不仅能够协助企业进行有序的各项准备工作，如前期咨询、资料搜集、进行招股说明等，还能为企业选择在行业中具有较高声誉和地位的承销

第一章 绪 论

机构、保荐机构、审计机构。同时，由于风险投资机构在投资企业前会进行详细的调研与评估，因此对投资企业的真正价值有着更为准确的判断，能够在企业制定募集资金计划方面提供科学的建议和有效的指导，从而辅助企业顺利上市。在企业获得了资本市场的融资支持后，风险投资机构还会对企业募集资金的使用行为进行相应的指导与修正，避免发生过度投资和投资不足的现象，提高企业募集资金的使用效率。对于企业的超额募集资金，风险投资机构不仅会为企业筛选优质的投资项目，利用自身的社会网络资源为企业提供更多有利的投资机会，鼓励企业合理充分地利用超募资金开展有利于企业价值提升的投资活动，还能凭借其丰富的企业管理和投资经验对企业的投资活动进行科学指导，在前期市场调研、投资方案制定、投资项目实施、投资项目运营方面为企业提供及时有效的对策建议，从而降低企业投资风险，提高企业投资效率。

第三，风险投资介入能够对企业的投融资行为进行严格的监督与管理。作为积极投资者，风险投资机构会主动发挥企业管理者的角色，加强对企业的监督管理，规范企业的投融资行为。在企业上市融资时，一方面，风险投资机构会对企业上市的前期准备工作和主要流程提供必要的管理支持，如聘请行业专家为企业解读上市的相关政策和要点，聘请专业中介机构为企业提供个性化的上市辅导，帮助企业完善各项证明和材料等，同时进一步优化企业的经营管理制度，提高企业内部控制质量，进而从"内修"和"外调"的角度双管齐下，不断提高企业价值，推进企业的上市进程；另一方面，风险投资机构还会对企业的上市过程进行严格的监督，保障企业信息披露的真实有效，理顺企业利益相关者之间的关系，建立合理的利益制衡机制，防范企业上市过程中形成企业利益分配不均或管理层谋求私利的不利局面。在企业利用募集资金进行投资时，风险投资机构会通过加强对企业的监督管理来完善企业内部治理结构，进而缓解企业投资的非效率问题。一方面，风险投资机构可以通过进入企业董事会的方式对企业的投资行为和决策进行有效的监督，这不仅有利于优化股权结构，提高企业投资决策效率，而且还能够在特殊情况下行使股东的一票否决权，从而在一定程度上抑制企业投资的非理性行为；另一方面，风险投资机构兼具所有者和管理者的双重身份，与管理者一同参与企业的投资活动，能够在所有者和管理者之间起到纽带作用，从而为缓和所有者和管理者之间的利益冲突，建立适当的激励约束制度，进而为提高企业投资效率提供有力的内部保障。

第四，风险投资介入降低了企业超募资金使用过程中的代理成本和道德风险。由于锁定期的限制，风险投资机构更希望在其投资的过程中帮助企业实现持续的价值增值，当企业价值达到最大化时通过适当的方式退出企业，从而实现高额资本利润回报的目标。委托代理理论认为，由于信息不对称和行为主体的有限性，企业在利用超募资金进行投资的过程中，存在着较严重的代理成本和道德风险问题。当企业存在较多现金流时，管理者可能会一味追求企业规模的扩大而不考虑投资项目对企业价值增值的长期影响，从而产生过度投资的行为，而且在执行企业投资决策的过程中，管理者可能偏好享受现有的福利待遇，而不愿开展存在较大风险的投资行为，从而产生贪图享受、消极怠工的现象。风险投资的介入可以优化企业的治理机制，协助企业建立完善的内部控制制度和利益制衡制度，通过分阶段投资、派驻董事、外聘职业经理人等方式有效限制经营管理者谋取私利的行为，激励经营管理者从企业长期发展的角度出发，为企业选择具有良好前景的投资项目。同时，风险投资机构作为企业所有者和管理者之间重要的联系纽带，可以起到信息中介的作用，使所有者对企业投资决策的执行和投资项目的进展情况有着更为深入的了解，从而避免管理者在执行投资决策和开展投资项目时，利用自身信息优势的地位牺牲所有者利益，进而做出有损企业长期价值提升的投资行为。

但是，风险投资机构在对企业上市融资和募集资金使用方面产生积极影响的同时，也会由于自身的一些限制和不足，从而可能在推动企业上市的过程中产生某些不利行为。例如，风险投资机构可能为了在行业中尽快地积累声誉，从而产生追逐短期收益的机会主义行为，推动尚未成熟的企业过早上市以快速实现投资周期的循环。这种激进的投资方式不仅会干扰外部投资者对企业价值的准确判断，还会对企业上市后的长期绩效产生不利影响。

（3）国际化战略渠道

随着全球经济发展竞争的日益激烈，企业逐渐意识到开展国际化经营不仅是企业分散市场风险、优化资源配置的有效方式，更是企业提升核心竞争优势、增强发展实力的必然选择。在企业实施国际化战略的过程中，风险投资机构不仅会利用自身丰富的市场资源、投资经验、社会网络关系为企业提供充足支持，还会对企业国际化战略的实施过程进行严密监督，并利用自身行业声誉和地位为企业进军海外市场提供信誉保障，进而影响企业国际化战略的实施效率。就其作用机制而言，主要表现在以下四个方面。

第一，风险投资介入为企业国际化经营提供全面的资源支持。国际化经营是企业突破国家界限，在海外市场中从事生产、销售、研发、服务等活动。一般来说，由于创业企业自身拥有的资源较为有限，因此往往实力雄厚的成熟企业更加偏好通过国际化经营的方式在广阔的市场中寻求和配置资源,从而提升企业的经营绩效。资源基础理论认为,企业是由多种资源组成的集合体,而拥有多样化的异质资源是企业获得持续竞争优势的关键。对于创业企业来说,风险投资不仅是一种财务性投资,更是一种战略性投资,在投资企业的过程中会将自身积累的战略资源注入创业企业中,从而为企业国际化战略的实施提供支持与保障。风险投资凭借其丰富的市场资源和广泛的社会网络联系不仅能够为企业提供国际化经营所需的人才资源,如帮助企业组建国际化管理团队、提高国际化管理团队的能力、利用自身优势为企业吸引高水平的国际化人才等,还能为企业提供宝贵的信息资源,如使企业了解意向海外市场的竞争程度和发展现状、帮助企业获得意向合作企业或国际行业领先企业的相关信息等。此外,风险投资介入还能帮助企业进一步优化企业治理机制,完善内部组织结构,并且促进投资企业之间在国际市场中开展深入的交流与合作,进而为企业国际化经营提供组织资源支持。

第二,风险投资介入为企业国际化经营提供战略顾问与指导服务。现有研究发现,协助企业制定科学的发展战略并做出相关重要决策是风险投资机构提升投资企业价值的关键。与国内市场相比,国际市场竞争更加激烈,企业面临的经营环境也更加复杂多变,创业企业难以对国际市场的发展前景和未来走势做出客观准确的判断和预测,进而制订适当的国际化战略实施计划。此时,风险投资机构作为专业的投资者和企业的智囊团,往往拥有投资企业所处行业或相似行业的投资经历,能够提前预知企业国际化进程中可能遇到的困难和障碍,并对国际市场中行业未来发展趋势、市场饱和程度有着更加深入的认识和了解。因此风险投资介入能够对企业国际化战略计划的制订提供个性化、科学化的指导与建议,协助创业企业不断优化国际化战略的计划安排和相关细节,指导企业提前做好应对困难的解决措施和备选方案。并且在企业实施国际化战略的过程中,风险投资还能根据企业国际化战略实施的具体情况及时地提出修正与改进意见,从而进一步完善企业国际化经营的战略决策,帮助企业巩固自身竞争优势并不断提高竞争地位。而且为了获得投资的高回报率,风险投资机构还会根据企业特定的产品与服务为企业选择合适的海外投资市场和进入时机,以此提高企业国际化行为的经营绩效。

第三,风险投资介入能够对企业国际化战略的实施过程进行密切的监督。委托代理理论认为,风险投资在投资企业的过程中,投资企业可能会临时变更企业经营发展战略决策或未按照投资契约开展相关投资活动,从而损害了外部股东的切身利益。创业企业在执行国际化战略时,由于信息不对称的存在,股东无法完全知道管理层是否在开展国际化经营的过程中以股东价值最大化为目标而努力工作，也无法全程监督管理层是否将专项资金用于拓展海外市场、构建企业海外关系网络等有益于国际化战略顺利实施的活动，因此存在着较严重的代理成本和道德风险问题。风险投资介入不仅会支持和引导企业积极开展国际化经营和投资活动，还会对企业国际化战略的制定、实施过程以及国际化人才的引进和变动安排进行严格监督，以期更准确地获得企业国际化战略实施细节的相关信息，降低风险投资机构和企业管理层以及企业大股东和企业管理层之间的信息不对称程度，降低企业管理层在开展国际化活动中发生机会主义行为的概率，从而有效规避并缓解管理层的道德风险问题。而且风险投资的介入还有助于监督企业完善治理机制，以此提高企业国际化战略的决策效率和解决突发问题的能力，控制并进一步降低国际化风险，从而提高企业国际化战略的实施效率。

第四，风险投资介入能够为企业国际化战略的实施提供信誉支持和保障。创业企业在进入国际市场时由于自身资源和能力限制，往往面临着内部"新创弱性"和外部"新进弱性"的困境。信号传递理论认为，获取信息需要付出一定的成本，由于不同经济主体愿意为获取价值信息付出的成本不同，因此不同经济主体掌握企业信息的数量也存在着较大的差异。在创业企业向外部市场传递信息的过程中，风险投资机构作为相对理性的投资者，能够在注资前对投资企业进行深入的调研与审查，因此风险投资介入企业这一行为本身就能够向国际市场传递企业未来发展潜力的积极信号。而且在进入企业后，风险投资机构还会指导企业通过提高财务报告信息质量、完善财务报告信息披露机制等方式向国际市场传递企业发展质量的有利信息。一方面有助于海外投资者、意向合作企业等行为主体获得更多的企业内部价值信息，降低企业与海外投资者、意向合作企业之间的信息不对称程度，提高企业海外经营活动和投资活动的实施效率；另一方面还能为创业企业国际化这一风险较大的经营与投资行为提供资信认证和法律保障，减少创业企业在实施国际化战略过程中面临的困难与障碍，增强企业在海外市场中的发展竞争力，从而有利于发挥国际化战略对母公司价值的逆向提升效应。但是，风险投资在对企业国际化战略制定和实施过程产生积极影响的同时，也会由于自身的一些限制和不足，从而对企业的国际化发展过程产生某些不利影响。例如，风险投资机构为了尽快实现投资收益，可能会更加偏好于企业开展风险较小、能够在短期产生稳定收益的项目，而不愿将企业推向经营环境变幻莫测、知识技术迭代突飞猛进的国际市场。这种没有从企业长期价值考虑的投资倾向可能会影响企业发展战略的制定和实施进程，进而对企业未来增长潜力产生不利影响。

（五）公司治理效应

1. 公司治理的定义

对于公司治理的定义，目前还没有进行统一。1999年，经济合作与发展组织（OECD）将公司治理定义为用以管控工商公司的一种制度体系。我国经济学家吴敬琏认为，公司治理结构是所有者、董事会、高级管理者三种组织关系的总和，想要改善公司治理结构首先要明确三者的权利和义务；林毅夫认为公司治理其本质指的是公司所有人可直接掌控的制度安排；李维安把狭义的公司治理概括为在两权分离的情况下，公司股东对代理人的监督管理机制，广义的定义包括内外治理两方面，即公司治理不仅是协调股东与代理人的制度，也是规范公司与社会各方面关系的正式和非正式的制度。

综上所述，公司治理的定义可以概括为：公司治理是一套法律、文化和制度性安排，用来支配公司股东与公司管理层之间的关系，包括公司行为的规范、控制权的配置及行使、风险和回报的分配等，以实现股东利益最大化。

2. 风险投资的公司治理效应机理

风险投资机构通过自己的专业能力严格筛选出真正具有发展潜力的公司后对其进行投资，并对被投资企业的公司治理水平提升发挥重要作用。但这种提升不是一蹴而就的，必须利用自身丰富的行业经验和先进的专业技术能力，协助被投资企业完善治理结构，降低成本，提高效率，推动目标趋同，最终整体提升被投资企业公司治理水平。

风险投资参与公司治理的方式主要有以下四种。

一是联合投资。联合投资要经历一段比较长的时间，通常情况下不会短于三年。风险投资的投资标的公司大部分为种子期的高新技术企业，这些企业在此阶段的特点相似，如规模小、自有资金不够充裕、筹资不易等。这时将风险资本投资于企业，机构需承担的风险很高。因此各机构采用联合投资的方式，就显得非常必要。与其他风险投资者共同投资一个风险项目，有多方面的益处。首先，各机构间可共同分享社会网络资源，集百家之长共同助力被投资企业，提高治理的效率。其次，各机构可以共同承担风险，将有限的资源投放到多个风险项目中，即"不把鸡蛋放在同个篮子"，这样在分散风险的同时也可以提高投资效率和投资收益。

二是多阶段投资。由于投资风险较大，风险投资机构投资过程中，若有明显迹象表明该项目不成功的概率较大，就应该及时止损，终止对该项目的继续投资。

反之，如果某项目预期反应良好，发展增速较快，那么在现阶段投资结束时，机构投资人应详尽分析投资收益情况，考虑进行下一步的继续投资。多阶段投资的好处在于，可以根据项目运转的不同情况做出不同的决策，对于风险投资机构而言，可以降低风险，避免一次性过多损失；对于被投资企业而言，为了吸引投资机构持续不断的注资，企业管理人员会更加励精图治，将更多精力和时间投入企业经营发展中，起到了很好的激励作用。这种投资方法在很大程度上起到降低双方代理成本的效果。

三是派驻公司董事。风险投资参与被投企业公司治理机制最直接、最有效的方式之一就是派驻董事进入被投企业。董事会是公司治理的核心，对公司各项重要管理和决策负责。在派驻董事进入被投企业后，风险投资机构委派的董事可以利用自己的丰富经验为被投资企业提供行之有效的合理建议，加快企业发展步伐。不仅如此，由于风险投资机构的最终目的是通过高价股权转让获得投资收益，那么就有充足的理由尽自己最大努力协助企业快速上市，加速资金回笼。在实务中，一些风险投资机构委派的董事在某些重大事项上享有"一票否决权"。这是为保护机构股东权益设置的条款，如果被投资企业做出的某项决策很有可能危害机构投资人权益时，机构委派的董事可以进行合法否决，以保护自身利益。

四是签订金融契约。不完全契约理论认为，融资契约是一种不完全契约，由于影响因素众多，签约双方在合同签订时不能一一罗列出后续可能会出现的情形。为应对合约中没有明确规定的事例，应从剩余控制权的角度出发，制定金融契约。为达到激励和约束被投资企业的目的，风险投资机构在签订协议时会制定可转换债券、对赌协议等形式多样的金融契约。

第三节　风险投资的现实意义

一、风险投资体系建立的重要意义

（一）技术创新是推动经济发展的核心动力

世界经济发展已步入知识经济时代，这一时代的基本特征是：知识密集型产业已成为全部产业的核心，成为一个国家取得长期竞争优势的决定性因素。大量理论研究和经验资料显示：从长远角度看，不是资本投入和劳动力投入的增加，而是技术进步，才是经济可持续发展的关键推动力量。

（二）风险投资体系是知识经济的重要支持系统

技术进步转化为生产力的关键在于高科技成果市场化、产业化，"知识"能否与"经济"相融合，这是一个较为漫长的市场评价、市场检验过程。这一过程是否成功不仅依赖于高新技术成果本身的市场价值，而且依赖于客观上是否存在一个能对技术进步转化为生产力起决定性作用的支持系统。通常，高新技术成果的市场化、产业化往往是由中小企业的创新开始的。由于高新技术成果本身蕴藏的技术风险和市场风险，这些技术吸纳型中小企业很难取得银行系统给予的信贷支持，它们要求一种可适应周期长的、具有高风险与高收益相结合的股权资本为之服务。这类股权资本又只有在一个系统的环境下才能发展。国外经验已充分证明：风险投资体系就是行之有效的高新技术成果市场化、产业化的支持系统。

风险投资体系在西方发达国家被称为高新技术产业发展的"推进器"。美国斯坦福大学的学者认为，风险投资的参与使科技成果转化为商品的周期缩短到十年以下。风险投资通过加速科技成果向生产力的转化推动了高新技术企业从小到大、从弱到强的长足发展。在知识经济时代，可以说，以电子计算机和生命工程为代表的现代文明是高科技与一种特殊金融方式——风险投资有机结合的结果。

二、中国风险投资体系建立的主要意义

培育和发展风险投资体系就是要通过建立一套新的金融机制来促进资本与高新技术结合，这不仅会对提高民族经济竞争力的长远战略目标起到积极作用，而且也是调整全社会融资布局，改善金融结构的重要举措。在现代经济体系中，金融结构对实体经济的作用越来越大，东南亚遭受金融危机困扰的国家尽管国情差异很大，但一个共同的问题都是金融结构严重畸形。中国目前还未出现金融危机，这并不意味着对我国金融结构方面的问题可以掉以轻心。我国国有商业银行存在的大量不良资产已蕴含了系统性金融风险，而这种风险的形成说到底就是因为银行对大量技术含量较低和缺乏竞争优势的产品、产业、企业提供货币支持的结果。为避免金融风险演化为金融危机，我们从现在起就应该大刀阔斧地进行改革，建立一个功能健全、富有效率、以高技术企业的资本投入为服务对象的风险投资体系。

（一）顺应世界科技发展趋势、适应国际竞争的需要

21世纪是以科学技术为主导的知识经济时代，哪个国家掌握了高科技优势，哪个国家就将取得经济发展的主动权和国际竞争的优先权。我国的科技投入资金来源单一，主要依靠政府科技拨款和有限的银行科技贷款，政府力量有限，已远远不能满足科技发展的需要。政府应最大限度地调动各种资源，建立起高效的技术创新机制，借鉴国外发展高科技产业的经验，尽快建立起风险投资体系，推动技术创新和高科技产业的快速健康发展，迎接世界高科技革命的挑战。

（二）促进和加快科技成果商品化、产业化的需要

与发达国家相比，我国科技水平相对落后，但是每年我国还是有大量科技成果问世，其中不乏世界先进科技成果。而我国科技成果转化率仅为10%～15%，远远低于发达国家60%～80%的水平。我国科技成果转化率低，首先，是由于科技体制不合理，对科技成果的转化阶段没有重视，长期以来科研与生产严重脱节，形成"两张皮"；其次，是由于科技投资不足，使科技成果转化"断层"总是没有得到根本解决。一项技术从研究、开发到正常商品化生产是一个有机的连续过程，而技术产业化过程中各个阶段对资金有不同的需求。根据国外的经验，三个阶段的资金投入比例为1∶10∶100，而我国大概是1∶0.7∶100。三个阶段资金投入比例失调造成了我国科技成果产业化过程的资金断层，这严重制约了科技转化为现实生产力。

此外，还由于没有将技术创新行为主体和风险承担主体区分开来。技术创新虽然能给企业带来巨大的经济效益，但从另一个角度看，政府和社会也是技术创新的受益者，如果能把技术创新的行为主体与风险承担主体区分开来，就能合理地分散创新风险，企业在技术创新时的压力就会相对减少。

（三）进行宏观经济调控的重要手段

国家对经济的宏观调控，是指为实现国民经济和社会发展的战略目标，对国民经济总系统进行调节，对整个国民经济行为进行控制，使整个国民经济处于最优的运行状态，保证国民经济快速、健康、稳定地发展。从这个层面看，国家要实现国民经济和社会发展的总体目标，必须对产业、经济结构进行调整，把资源配置到效率高的部门和产业。而建立风险投资体系，发展高新技术产业是进行产业结构转换和提升的龙头，科学技术是决定竞争实力和产业提升的主导因素。现有的基础产业在支持工业化及后工业化进程中发挥着重要作用，但是它们承担不

了带动产业结构转换与提升的职能。在社会主义市场经济条件下，建立风险投资体系，加快发展高新技术产业，对于国家进行宏观调控具有尤为重要的作用。

（四）保护民族工业的需要

目前，在国外产品大量涌入我国市场的情况下，我国的民族工业状况令人担忧。造成这种情况的原因是多方面的，但企业产品的技术落后，缺乏技术创新机制，没有风险投资体系对高新技术创新的支持是其中很重要的原因。在国外，一个医药企业开发一种新药要花几千万美元甚至几亿美元，显然，这对绝大多数的中国企业来说是一个天文数字，于是只好与国外企业合资，由对方控股，市场上洋药泛滥。因此保护我国民族工业的关键在于建立我国自己的风险投资体系，大力推动高新技术产业的发展。

第四节　风险投资的发展历程

一、风险投资发展的高峰与低谷

20世纪80年代到90年代中期被称为"风险投资高峰前时期"。1982年，凯鹏华盈筹集了1.5亿美元，成为史上最大的风险投资基金，被称为"超级基金"。1987年，红杉资本合伙人唐·瓦伦丁（Don Valentine）向思科投资2500万美元，一年后，投资额增至30亿美元。

美国的风险投资业在20世纪90年代末达到了顶峰。1999年，美国占世界风险投资总额的70%。尽管失败了很多次，但那一年的平均利润率还是达到了150%。2000年，美国风险资本在7812个项目中投资了1040亿美元。风险投资额从20世纪90年代初的20亿美元增长到21世纪初的约1000亿美元，增长额是巨大的。从全球来看，欧洲的风险投资发展仅次于美国，并在20世纪末蓬勃发展。英国风险投资协会成立于1973年，而欧洲风险投资协会成立于1983年，仅有43个会员，到2006年，其成员已增至320人。

然而，由于互联网泡沫的出现，全球风险投资进入了一个冻结期。虽然中国的风险投资也受到了互联网泡沫破裂的影响，但仍在稳步发展。2001年，美国风险资本的平均回报率从150%下降到45%左右。

2003年初，全球风险投资开始复苏。2004年以后，风险投资的发展逐渐加速，直到2008年全球金融危机的到来。

二、中国风险投资的发展历程

（一）中国风险投资发展的酝酿期

1985年3月，中共中央发布了《关于科学技术体制改革的决定》，指出："对于变化迅速、风险较大的高技术开发工作，可以设立创业投资给予支持。"这一决定使得我国高技术风险投资的发展有了政策上的依据和保证。其后，由国家科学技术委员会和财政部共同出资成立中国新技术创业投资公司（简称中创公司），标志着中国风险投资事业的开端。继中创公司成立之后，地方政府纷纷仿效，成立投资公司对国有企业进行投资以促进科技进步，资金大都由当地的政府机构（科委）提供，如上海市信息投资股份有限公司、深圳市高新技术投资担保有限公司等。

1991年，国务院颁布了《国家高新技术产业开发区若干政策的暂行规定》，指出："有关部门可以在高新技术产业开发区设立风险投资基金，用于风险较大的高新技术产品开发。条件比较成熟的高新技术产业开发区，可创办风险投资公司。"风险投资公司在中国再次崛起，激发了外国投资者对中国的投资兴趣。由于法律制度、资本市场和文化的差异，外商通过合资企业进入中国的效果并不理想。

1995年和1996年，国务院在《关于加速科技进步的决定》和《关于"九五"期间深化科技体制改革的决定》中强调要发展科技风险投资。在国家政策引导和相关制度发展的影响下，国内涌现了一批风险投资公司，国际资本也采取了新的投资策略进入中国市场。国际风险投资的先驱是美国国际数据集团（IDG）。1992年，美国太平洋科技风险投资基金进入中国，在北京、上海、广州设立了分支机构。IDG科技创业投资基金已成功投资搜狐、百度、金蝶等初创企业。与此同时，世界银行下属的瓦尔登风险投资基金已经在深圳等地成功投资了成长型高科技企业或项目。1997年底，四通利方从美洲银行罗世公司、华登国际投资集团、艾芬豪资本集团三家风险投资公司获得650万美元的风险投资。

（二）中国风险投资发展的兴起期

1998年政协"一号提案"的提出，风险投资受到了科技、金融、企业界的关注。

第一章　绪　论

此后连续两年形成"风险投资热",一批新的风险投资机构纷纷成立,以上市公司为主的民间资本开始进入风险投资领域。

2000年,新浪、网易、搜狐等一系列门户网站在外资风险投资的支持下,掀起了中国互联网行业的第一波上市浪潮。

自2001年中国加入世界贸易组织以来,外国投资有所增加。当中国的风险投资机构随着政策激励和互联网的繁荣而崛起时,欧洲和美国的高科技市场却面临着前所未有的危机。21世纪伊始,全球光通信泡沫和互联网泡沫相继破灭。在随后的几年里,风险资本市场暴跌。

(三)中国风险投资发展的调整期

2003年,在正式实施的《中华人民共和国中小企业促进法》中提出"国家通过税收政策鼓励各类依法设立的风险投资机构增加对中小企业的投资",明确了政府对中小企业融资难问题的关注和通过风险投资途径解决这一困境的政策扶持。此后几年,国家对风险投资的政策体现为左右摇摆的势态,风险投资受到影响,本土风险投资机构数量及风险投资资本总量在2003年和2004年较上一年都有减少,但是我国风险投资活动总案例数量及投资额数据反映了风险投资活动相对活跃,主要是这期间外资风险投资机构的投资活动仍然活跃。

(四)中国风险投资发展的回缓发展期

2004年5月,深圳市中小企业板正式挂牌,一批符合条件的成长型中小企业获得上市融资机会。这为创业板市场的建设奠定了基础,为本土风险投资的退出创造了另一条国内途径,促进了本土风险投资的回流。

2005年以前,国际资本借助熟练的投资技能和国际金融市场的运作,采用"汇报投资"的方式在中国进行股权投资。蒙牛、盛大、百度等100多家中国企业通过设立境外公司和境外间接上市的方式,通过这一"红筹股"途径在海外上市,没有遇到任何法律风险。但政府监管机构认为,这种红筹现象造成了巨大的资本"系统外流通"。因此,2005年1月和4月,国家外汇管理局(简称外管局,SAFE)发布《关于完善外资并购外汇管理有关问题的通知》和《关于境内居民个人境外投资登记及外资并购外汇登记有关问题的通知》,要求中国的个人和企业进行海外投资活动必须得到中央政府的批准,这在一段时间内减缓了风险投资活动。同年10月,国家外汇管理局发布《关于境内居民通过境外特殊目的公司融资及返程投资外汇管理有关问题的通知》修改了上面两个文件的规定,使海外上市交易得以继续。然而，2006年8月，商务部等六部委联合发布《关于外国投资者并购境内企业的规定》，严格限制境内企业以红筹股形式在境外上市的模式，对风险投资基金的退出有显著影响，尤其是对国外风险投资的退出有显著影响。

2005年10月，新修订的《中华人民共和国合伙企业法》通过，正式确立了有限合伙的形式，为设立人民币有限合伙股权基金提供了法律依据，加快构建多层次资本市场体系，创造合理的人民币资金投入和撤出渠道；经济的持续发展和民间资本的充足，为人民币基金的发展提供了市场需求和融资基础。

2007年2月，财政部、国家税务总局发布《关于促进创业投资企业发展有关税收政策的通知》（财税〔2007〕31号），规定了创业投资企业的优惠政策：对中小高新技术企业投资的70%，从创业投资企业的应纳税所得额中扣除。2007年3月颁布的《中华人民共和国企业所得税法》原则上规定，创业投资企业从事国家需要扶持和鼓励的产业投资，可以从投资金额中扣除应纳税所得额的一定比例。根据《中华人民共和国企业所得税法实施条例》的规定，风险投资企业以股权投资的形式投资于未上市的中小高新技术企业超过两年的，创业投资企业持有股权满两年的当年，其投资额的70%，可从其应纳税所得额中扣除；当年度不足的，可以结转，在以后纳税年度扣除。

税收法规和优惠政策反映了政府推动中国风险资本市场发展的意愿和决心。受大力支持风险投资的政策和法律的影响，2005年至2007年3年间，风险投资活动异常活跃。国内风险资本市场规模迅速扩大，投资额以每年50%以上的速度增长。据科技部统计，2005年，全国共有风险投资机构319家，管理资金631亿元。截至2005年，全国风险投资机构累计投资项目3916个，其中高新技术项目2453个，投资326亿元。截至2007年底，中国共有风险投资机构360多家，管理规模超过660亿元，超过以色列，成为仅次于美国的全球第二大风险投资接收国。

（五）中国风险投资发展的迅速发展期

2006年2月，国务院颁布了《国家中长期科学和技术发展规划纲要（2006—2020年）》，提出探索以财政资金为导向，政策性财政和商业性财政资金为主要投入，并采取积极措施，推动更多资本进入风险资本市场。

2008年开始的金融危机，中国政府采取的一系列宏观调控措施也刺激了风险投资行业的快速扩张。受重启IPO、风险投资业税收优惠等政策影响，我国风

第一章　绪　论

险投资业规模大幅上升，仅2010年，中国风险投资机构就增加了291家，2011年，机构总数达到1096家，首次突破1000家门槛，管理资金总额达到3198亿元。

这一阶段，行业内各种结构之间的关联度显著提高，许多大型风险投资公司（集团）通过与地方政府或其他企业合作建立子基金，形成资本网络。投资机构之间的委托和外包管理模式也很流行，专业的风险投资管理公司也很受欢迎。

受国际经济增长乏力和国内经济结构调整的影响，我国风险投资业的发展进入了新常态。2014年至2019年10月，我国企业风险投资（Corporate Venture Capital，简称CVC）行业市场投资金额及投资数量呈现逐年上升趋势。据中国企业投资协会数据显示，2016年我国投资案例数量达到最多，为4032件，投资金额则在2018年达到峰值，为5393亿元。而与2018年相比，2019年我国企业风险投资行业投资数量和投资金额均有明显回落，就整体而言，趋于常态化，中国风险投资国的地位已经完全确定。

第二章 企业风险投资的现状

风险投资自诞生以来发展非常迅速,给世界经济的发展注入了新鲜的血液。在知识经济时代,风险投资不仅推动着高新技术的发展,也推动着传统产业的结构调整和升级,推动着我国经济与世界经济的接轨,是经济发展中不可或缺的力量。本章分为企业风险投资的发展条件、企业风险投资的发展现状、企业风险投资存在的问题和企业风险投资面临的风险因素四部分,主要内容包括拓宽筹资渠道、完善退出机制等。

第一节 企业风险投资的发展条件

一、拓宽筹资渠道

(一)撬动民间资本

美国风险投资业的快速发展很大程度上得益于民间资本的支持,1978年至1998年这20年间,美国风险投资资金中政府资金占比持续下降,而民间资金占比持续上升至90%以上。可见,这一部分资本的有效利用对于刺激风险投资业的发展具有积极的意义。培养地方民间风险投资基金可以促进风险投资业优质发展,同时还可以降低无序流动的民间游资对实体经济的不良冲击。目前,私人资本对于风险投资的介入还处于尝试阶段,虽然民间游资充裕,但对风险投资机构的投资却不高。

对于企业内部积存薄弱、资金需求量少的特点,可以采取商业担保、政策担保和相互担保的并行运作模式,以支持具有较高发展潜力的企业。还可以建立国家企业信用担保基金和企业信用担保协会,并根据企业的资质确定合理的补偿标准,为企业风险投资和融资提供保障。信贷市场失灵是造成企业风险投资和融资棘手的主要原因，企业与商业银行之间的信息不对称、信贷风险和较高的成本抑制了信贷资金的市场配置。对此，可以建立企业政策性银行，从机制、机构和资金上保证政府对企业的长期支持，政府部门利用其独特的优势——信息优势和资本成本，纠正企业信贷风险投资和避免融资市场失灵，同时根据企业风险投资和融资特点进行信贷业务流程改造，扩大信贷市场。

（二）吸引企业资本

当企业资本作为风险投资的投资方时，若投资方认为备选的风险企业具有较高的投资价值，往往会促成融资。风险企业对投资方的吸引力不光在于其能够得到多少资金的回报，同时在于投资方在此过程中能够获得的先进技术、市场份额和新兴产品等。除此之外，在拓宽销售渠道、深入市场营销等方面投资方将为风险企业提供指导与帮助。

（三）引进国外资本

伴随着全球经济结构的不断调整，对外开放已成为我国金融业不可逆转的发展趋势，这为国外风险资本进入国内风险资本市场奠定了坚实的基础。一方面，国外风险资本引入了经过时间检验的风险投资发展经验；另一方面，国外风险资本将尖端的行业技术和高精尖技术人才也带入了国内。所以，国外风险资本进入我国，有利于良好风险投资氛围的形成，助力风险投资业又快又好地发展。

二、完善退出机制

风险投资的退出机制是一个完整的风险投资的关键因素，其作用主要体现在以下几个方面。

第一，风险投资通常瞄准有发展潜力的企业，风险投资机构不可能仅仅通过了解一个公司的财务状况来全面了解它的价值，因此，需要市场来界定和评价，所以建立风险投资退出机制只是为了对公司有一个客观的评价。评价一个风险投资回报和质量的标准是当风险投资退出时回报的价值。

第二，风险投资机构愿意承担资金长期被占用的风险，其主要目的是获得较高的投资回报，如果没有完善的风险投资退出机制，被投资的公司或项目就无法获得回报，风险投资机构的资金也无法收回，必然会影响投资活动。

第三，风险投资的构成是一个融资、投资、退出的过程，没有退出机制，风险投资的运作就难以持续，就会影响风险投资的循环发展和资本增值，从而不能促进风险投资的发展。

综上所述，风险投资的生存和发展离不开完善的退出机制。在一定程度上，风险投资退出机制是影响风险投资者收益或回报的最重要环节。因此，在实际的投资过程中，风险投资机构往往最关心的是风险投资的退出机制和企业的发展，从而获得最佳的退出方式和收益。

建立多层次风险投资退出机制的前提是建立包括不同规模企业在内的现代金融体系及多渠道的项目投资退出交易市场。根据交易市场的性质，交易市场又可分为证券交易市场和场外交易市场。场外交易市场是指未在证券市场上市的企业的股权按照一定标准进行交易的市场。场外交易市场的主要交易类型有股权交易、协议转让、招标转让和合作经营。因此，建立多层次的交易市场，可以使风险投资项目通过多种渠道和方式退出。

三、提供政策扶持

在风险投资发展的进程中，政府扶持几乎是各国惯用的手段，国家政府以各种各样的方式鼓励和扶持本国的风险投资业已经成了国际惯例。根据国内外经验和实际情况可知，地方政府应以政策倾斜间接扶持为主、直接参与为辅。

第一，构建适合风险投资业发展的宏观外部环境，主要包括法律与政策环境。风险投资的复杂性决定了风险投资业要发展，就必须具备适合的宏观环境，以确保风险资本的有效配置和合法运作。其一，为了让社会资金有机会介入风险投资业，需要修订阻碍风险资本正常筹集的相关法律条款，为社会资金合法介入风险投资业提供相应的法律依据；其二，进一步完善落实促进风险投资业发展的法律法规，如为了保护新兴技术成果发明者的利益，完善知识产权法律法规，以保障投资人的合法权益和投资的安全性，在知识产权法的激励下，源源不断的新技术将保障风险投资拥有充足的项目来源。

第二，积极提供信息服务。地方政府应该在风险资本市场的信息服务中承担重要角色。市场上并不缺少能够转化的技术成果，缺少的是相关准确的信息。一方面民间风险投资基金苦于找不到合适的项目，而另一方面大量技术成果因资金不足而无法产业化。政府机关拥有着丰富的信息资源，为风险投资基金提供信息服务，能够大大节约高新技术项目和风险资金相互寻找的时间成本。

第三，直接进行资源供给。政府直接的资源供给并非完全不适合风险投资业，在必要情况下，政府可以采取合适的直接扶持手段，为重要风险投资活动提供更多的项目、资金和人力资源。以以色列约兹马（YOZMA）基金为例，1993年，以色列政府出资 1 亿美元设立 YOZMA 基金,其中政府投入的份额占 40%。YOZMA 基金在进行投资时,政府的作用在于搭建平台、引导投资,并提前做出退出安排,在帮助企业走上正轨后就适时退出,同时在管理上明确政府仅仅作为引导者这一角色,所有子基金均以有限合伙的形式参与基金运作。作为有限合伙人,政府仅负责资金的提供,而相应的基金运营,则全权交予专业的风险基金管理团队采用市场化的运作手段进行管理。这种既纠正市场失灵,又避免政府失灵的设计值得借鉴。

四、借鉴投资经验

发达国家为促进风险投资发展采取的税收优惠主要有两种方式:一是对资本利得税减免;二是对投资额实行抵免。下面以美国和英国为代表,介绍两国促进风险投资的税收优惠政策。美国是风险投资的起始国,其影响风险投资发展的各个相关指标均在全球排名第一。美国主要通过减免资本利得税对风险投资进行激励。英国是发达国家中除美国之外风险投资发展最成功的国家,也被认为是欧洲国家中最早开始发展风险投资的,可追溯至 1945 年 3I 公司(工业投资者公司)的诞生,但是真正开始是在 20 世纪 80 年代。英国风险投资业的繁荣发展与政府的鼓励和政策支持息息相关。

从 20 世纪 80 年代开始,新兴工业化国家才逐渐注重风险投资的发展,韩国是亚洲的典型代表。韩国为了促进中小企业的发展,增强国家的经济实力,对风险投资企业的投资者和企业自身实施激励政策促进本国风险投资。

发展中国家在 20 世纪 80 年代才开始发展风险投资,其中印度的风险投资发展比较有代表性。在 20 世纪末,印度风险投资就进入了迅速发展阶段,同时具有显著的行业特点。在 1988 年,印度就制订并实施了较为完整的风险投资监管条例——《风险投资资本筹资条例》。

五、构建人才培养体系

(一)引进外来人才

高端风险投资人才的到来,不仅能给本土风险投资机构提供可靠的经验,而且本土风险投资从业人员在与外来高端风险投资人才共同工作中吸收丰富经验,有利于本土风险投资从业人员的成长,为本土风险投资业的高水平发展提供人才资源。

（二）培育本土人才

一方面，聘请国外或者其他省份的风险投资高端专业人士，使本土的风险投资从业人员能够获得专业的、深度的培训，与此同时，将部分已经具备专业素质的风险投资从业人员派遣到国内或国外风险投资发达城市，如国内的北京、上海、广州及深圳等，让他们有条件获取先进的风险投资专业知识和管理理念。

另一方面，着眼于风险投资的长久发展，必须改革目前的高等教育体制，在高校开展专门的风险投资课程培训，确保学生能够从中获得扎实的专业知识，并在此基础上适当扩展专业口径，培育出数量较大的科技金融复合型人才，为风险投资业的发展提供人才储备。

第二节　企业风险投资的发展现状

一、我国风险投资发展现状

改革开放以来，我国经济发展的速度越来越快，发展的水平越来越高，这些都主要得益于国家的积极经济政策和相对宽松的经济环境。尤其是近些年来，国家对于创新、创业格外重视，对于高新技术的追求越来越迫切，使得相关行业的公司如雨后春笋纷纷建立起来。作为给这些初创公司提供资金支持的风险投资机构也获得了很好的发展。

近几年，出现在人们视野中最多的词汇或热点是"中国的崛起"。全球经济逐渐从金融危机中复苏，中国经济保持了数十年的高速增长之后，逐渐由数量型增长转向质量型增长的轨道。在全球金融危机的冲击下，全世界各个国家和地区都在努力摆脱负增长的阴影，中国经济逐渐展现出"一枝独秀"的风采，中国的风险投资行业也迎来了真正的"春天"。一个大国的崛起，往往意味着新的利益调整周期的开始。在新世纪的第二个十年里，我们已经看到，中国作为一个东方大国的崛起。在新的利益调整周期到来之际，中国经济转型以及各行业的深度调整，将会成为一次独一无二的历史机遇。中国的风险投资行业正在积极进行自我调整，以顺应时代发展的需要。

2019年，我国企业风险投资案例共计705起，总投资金额1139.13亿元，比2018年分别下降了17%和41%，这一现象和2018年、2019年两年国内市场收缩密切相关。市场上活跃的企业风险投资者来自116个产业集团，其投资案例轮次分布：A轮之前占比15%，A轮占比35%，B轮占比22%。由此可以看出，企业风险投资的投资灵活性很高，只要有利于母公司战略目标和行业布局的实现，可以进行全阶段、全产业链投资。投资案例行业集中在IT（29%）、互联网（25%），医疗健康（11%）。

并购和IPO成为企业风险投资的主要退出方式。在2019年的退出事件中，通过IPO退出的有67起，并购退出的有14起，占2019年CVC退出事件总数的71.7%。企业风险投资后一般以继续持有为主，助力企业发展，即使企业上市也不谋求快速退出。在这种发展模式下，企业风险投资也成功帮助了很多企业完成IPO。例如，腾讯投资的企业，有23个成功IPO上市。

同风险投资发达的国家相比，我国风险投资尚处于起步阶段，规模较小，在发展过程中仍有许多问题亟须解决，主要包括以下几个方面。

①募资来源方面，风险投资规模较小、投资来源渠道狭窄。

根据Venture One（道琼斯公司旗下公司）数据，2006年美国获得风险投资的创业公司融资金额高达257.5亿美元。在基金方面，融资规模在10亿美元以上的基金占整体基金的比例为4.4%，融资规模在5亿到10亿美元区间的基金占比为12.1%，资金规模要远远大于中国。2006年，中国风险投资基金管理的资本总额为668.3亿元人民币，其中，管理5亿元人民币以上的机构仅占整体基金的7.7%，而管理5000万元人民币以下的风险投资基金占32%。

风险投资从本质上来说是一种处在创业初期的融资方式，这种融资方式在我国的起步和发展时间都比较晚，因而对于风险投资的各个方面都尚未完善。现阶段，我国风险投资的融资渠道主要以银行、外商投资者、个人以及个体投资者为主。而由于金融行业在发展的过程中会对国民经济的平稳运行产生较大的影响，再加上我国主要是以政府作为促进国家和社会发展的主体的，因而现阶段大部分的风险投资以政府为主体。而主要的风险投资渠道也主要以银行贷款为主，因而风险投资的融资渠道比较狭窄，在一定程度上限制了金融主体发展的活力。

②退出机制方面，存在体制上的欠缺。

我国目前主要的退出机制是IPO。然而由于金融市场体制建设的不完善，IPO的环境波动大，从审核制走向注册制也是困难重重，增大了风险投资通过IPO退出的压力。因此，继续完善风险投资退出机制是促进风险投资发展的重要一环。

③政策支持方面，配套支持力度不够。

税收优惠、政府担保、政府采购等举措是推动风险投资的外部支持。但在我国,由于产权分置、产业政策、维稳需求等多方因素的作用,存在国有风险投资与民间风险投资的外部环境不一致、产业导向强、市场信息不够充分、资金导向不能完全反映发展趋势的问题。就法律建设而言,《中华人民共和国保险法》《基本养老保险基金投资管理办法》《中华人民共和国商业银行法》等法律禁止或限制相关基金进行风险投资,这与美国风险资本投资渠道形成了显著的范围差异。

此外,自2007年6月1日起,《中华人民共和国合伙企业法》正式实施,但其适用对象是在中国境内设立的普通合伙企业和有限合伙企业,并不包括外资企业,这将直接影响外资风险投资公司投资中国的意愿。

风险投资活动主要产生于高新技术产业,然而由于我国目前的高新技术产业的发展仍主要以外资产品为主,国内的企业要想在高新技术产业领域投资产品,产生风险的概率会比其他产业要更大。再加上我国的风险投资本身起步和发展就比较晚,不仅不能够对高新技术产业的产品市场进行有效的控制,还会因为知识产权制度的不完善而使得企业难以对自身的正当权益进行维护。而在这个过程中,企业不能够及时得到损失利益的补偿,也会加剧资金的不稳定以及风险发生的可能性。

二、国外风险投资的发展现状

国外企业风险投资可以追溯到1914年。从世界各国来看,可以分为四个时期:1914—1977年是第一个时期,杜邦公司投资通用汽车使自身发展多元化,标志着企业风险投资萌芽;1978—1994年是第二个时期,计算机技术得到了快速发展,这使得很多企业进军计算机领域;1995—2001年是第三个时期,企业风险投资过度热衷于投资互联网,使得互联网经历了泡沫繁荣;2002年至今是第四个时期,企业风险投资进入了全新时代,不论是投资经验还是投后管理能力,都得到了大大提高。CB Insights(一家风险投资数据公司)数据显示,2017年上半年,全球企业风险投资机构一共参与了798起投资,投资总额共计133亿美元,相较2016年后半年来看,投资数量增长12%,总投资金额增长8%。

从投资领域的视角分析可以发现,国外企业风险投资主要投资于人工智能,该领域在2017年上半年的投资共有88起,投资总额18亿美元。相比2016年下半年,投资数量增加了21%,投资总额增加了134%。Alphabet(字母表公司)成立的Gradient Ventures算是比较著名的投资机构,在2012—2017年期间,投资了42家人工智能企业。

发达国家的风险投资发展历程中最具代表性的应当是美国的风险投资发展历程，并且，中国的风险投资在最初的起步阶段，也充分借鉴了美国的风险投资发展经验。

进入21世纪至今，是美国风险投资发展进入深度调整的时期。20世纪中后叶的50年里，美国的风险投资经历了一轮又一轮繁荣与衰退的浪潮，但最值得关注的是，在历经"大浪淘沙始见金"的历史轮回之后，风险投资行业一方面在消化90年代大发展之后的遗留问题，另一方面，较早觉醒的投资机构开始注意到如何实现差异化的问题。其中，最具代表性的是，2007年黑石集团宣布向公众发行股票。风险投资行业几经沉浮之后，真正开始沉淀下来，思考如何解决基金结构、提升运行效率等深层问题。在不断变化的竞争环境中，领先的风险投资机构开始意识到塑造"品牌"的重要性，努力想通过建立战略伙伴关系、提升增值服务等方式实现战略化转型。

如今，野蛮肆虐的新冠肺炎并没有阻挡住美国风险投资一路逆袭的铿锵脚步，数据公司CB Insight发布的最新数据显示，2020年美国风投融资增长了14%，达到1300亿美元的创纪录高位，而且这已是美国风险投资连续3年融资额度超过100亿美元。

从上述美国风险投资的发展现状可以看出，在短短50年间历经三次繁荣和衰退的美国风险投资行业已经顺利度过了一个新兴行业的不稳定的发展初期，开始进入深度调整时期。或许短期内的行业整体规模会略有调整，但不可否认的是，美国在运用风险投资方面具有丰富的经验，或许经历过"刮骨疗伤"的阵痛之后，会迎来第二个春天。为发展我国的风险投资，我们应该积极地借鉴美国经验，将美国的丰富经验联系我国的实际国情进行深入分析并适度参考。

第三节　企业风险投资存在的问题

一、区域发展不平衡

就风险投资业而言，我国区域发展是不平衡的，风投集中在长三角、珠三角、北上广深等地区，而北方大部分城市以及广阔的西部几乎很少有风险资本涉足，这既是目前的问题，也是未来发展的机遇，也许未来可以通过政策导向将风险资本逐渐向这些欠发达地区引导，这也能和地区经济发展政策相匹配。

二、抗风险能力较差

在金融活动中,始终处于核心位置的就是风险管理。我国现阶段的投资行为较以前虽已更加成熟,但是风险管理仍然不到位,具体表现为风险管理意识不强、风险管理体系薄弱。企业风险投资由于更加关心项目为母公司带来的战略绩效,所以造成盲目地选择创业企业和投资项目,缺乏对项目的深度尽职调查和研究。

三、投资结构不合理

风险投资的投资选择,是在众多没有或者有很少的经营记录的创业企业中,选择其认为最具有获利潜力的投资项目。这其中考虑的首要条件是,项目的科技含量以及创业者的素质。一项科技成果从最初的一种思想到最终的产业化,要经历大致四个阶段:首先,是种子阶段。这个阶段的投资主要用于制造雏形的样品和样机;其次,是创立阶段。是实现从"样品"到"现实商品"转变的重要阶段,这一阶段需要的资金量大,因而资金投放的风险性很大;再次,是成长阶段。这一时期所需要的资金主要用于开发更有竞争力的产品,扩大企业生产规模,提高市场占有率,以获得更多的利润;最后,是成熟阶段。这一阶段的企业已经逐渐发展成熟,所需要的资金主要用于"美化"企业的经营状况,以期提高社会知名度,进一步提高企业的各项指标,以达到上市的标准。

上述四个阶段中,第四阶段的风险性相对较小,因而在这一阶段企业可以通过金融机构、商业银行等渠道来进行融资。而前三个阶段的资金缺口则在更大程度上依赖于风险投资。资料表明,前三个阶段的资金需求比例大致为 1∶10∶100。从中可以看到,种子阶段资金需求相对较少,一般科研开发者可以自己解决,但若项目较大,则需要得到社会的资金支持;创立阶段的资金需求量大,单纯依靠科研工作者自己的力量,已难以完成,并且这一阶段面对的不确定性因素非常多,风险很大,注重投资安全性的银行等金融机构的资金不愿投入,所以这一阶段的资金缺口成为高新技术发展的真正瓶颈所在;成长阶段的企业因为已经有一定的技术、市场的经验,具有一定的企业基础,因而,可以从金融机构获得贷款支持,但贷款大多需要抵押、担保,所以,企业大规模的资金需求与融资还存在着较大的缺口,需要风险资金的支持。

在西方发达国家,风险投资在投资方向的选择上较多地偏向于前两个阶段,即种子阶段和创立阶段。目前,我国的风险投资资金更多地投资于企业的成长阶段,即投资于已具有一定基础的企业。这虽然可以帮助企业实现发展,扩大规模,但却不利于疏通高新技术发展的真正瓶颈，也难以改变我国大量专利技术闲置，科研成果转化率低的现状。而且从另一角度，投资于成长阶段的风险资金可能会因为急于退出获利而产生投机行为。特别是在我国资本、金融市场不完善，市场经济体制刚刚建立，法制不健全的情况下，风险投资机构可能考虑更多的是如何将企业包装上市，然后，通过股市上庄家的炒作来寻求退出机会，而不是如何从资金上给予企业支持，使其规模扩大，市场占有率提高，为其进一步发展奠定良好的基础。这种投机行为的后果，只能是将并不具备上市资格的企业抛向市场，损害的是广大投资者的利益，也不利于我国股票市场的发展完善。这样，风险资金投资结构的不合理，使得风险资金从某种意义上成为投机资金，这不仅失去了风险投资的初衷，也构成了资本市场的一个不安全因素，加大了资本市场投资的风险性。

四、风险资本供给不足

从理论上讲，我国存在大量潜在的风险资本供给，但是，由于缺乏有效的激励机制，民间资本进入风险投资领域的数量极为有限。目前，我国风险资本的主要来源仍然是财政科技拨款和银行科技开发贷款，投资主体单一。由于科技拨款在国家财政支出中所占比例下降，银行因控制风险也始终把科技开发贷款控制在较小规模，以至于我国风险资本增长较慢，远远满足不了需要。另外，部分风险投资机构资金实力薄弱，只有千万元甚至几百万元资本，连支撑一个大型科技项目都很困难，只能支持一些短平快、投资少、风险低的项目，不能体现出风险投资的真正意义。

五、薪酬机制缺乏激励

对于母公司设置投资部门这种直投式风险投资方式，由于该部门很大程度上受到公司的管理约束，因此和独立风险投资相比，薪酬激励方面存在很大不同。独立风险投资采用绩效挂钩制，而企业风险投资采用固定工资和年终奖的薪酬方式。对比可知，独立风险投资激励较为明显，而企业风险投资激励不足。激励不足，会使得企业风险投资经理懈于认真筛选和管理投资项目。

六、没有有效的监控机制和灵活的退出机制

风险投资的成功与否，关键的一点就在于是否有有效的监控机制和灵活的

退出机制。如果没有有效的监控机制，不能形成强有力的约束，势必为风险投资家的机会主义行为的产生提供条件。在我国，风险投资主体单一性而引起的软约束，为政府官员的机会主义行为提供了"温床"，由此造成的低效率和不公平竞争就不必再多说了。同时，如果没有灵活的退出机制，风险投资不能随时通过退出来控制风险，必然会增加投资的风险性，同时对风险企业家也难以形成约束机制。退出机制的不完善，将会造成"投资—收回—再投资"的循环链断裂，从而使高新技术企业发展的资金无以为继，更无法提高科技进步对经济发展的贡献率。

现阶段对我国企业的金融风险投资活动进行监督和管理的主体仍以政府部门为主。尽管企业在开展金融风险投资活动的过程中存在着一些私自牟取利益的违规操作，但由于政府在开展金融风险投资活动的管理工作过程中本身就缺乏专业的金融方面的人员，在监管工作的开展方面也并不严格，就会导致投资管理工作逐渐流于形式。这样不仅不能够对企业的金融风险投资行为产生很好的规范作用，还会在一定程度上加剧企业产生的金融风险，给国民经济的平稳运行和企业的健康发展造成影响。

七、相关法律制度不健全

由于风险投资涉及各方面的知识，与一般的投资行为有较大差别，所以一些国家对此设有专门的法律法规，而我国目前并没有专门的法律约束风险投资，仅仅是在一些其他法律中有涉及一些方面，如《中华人民共和国公司法》中对投资公司的规定。

八、信息化建设程度不足

完善的信息化建设是提升企业经营管理质量的重要手段，合理利用信息化手段能够帮助企业员工提升工作效率以及质量。就当前部分民营企业而言，对于信息化建设投入力度不足，虽已根据相关政策指引引进了标准化信息管理系统，但是在实际的工作推进过程中，并未针对实际工作需求进行标准化信息管理系统功能的调试与优化，导致信息化管理系统并未发挥实际作用；部分多元化发展民营企业集团，受业务归口管理需要，各职能部门根据对口管理需求建立了局部信息化系统，但各职能部门之间并未联网，导致企业整体内控流程上难以实现连贯管理，由此形成信息孤岛现象；并未引进专业人才对其进行定期维护与更新，难以保障信息数据的真实性与准确性；相关账号及密码保存手段规范程度不足，难以保障企业内部信息数据的安全性。

九、缺少统一标准的行业规范

任何行业的发展都需要遵循一定的行业规范才能够保证其正常的经营和发展秩序。对于金融行业来说，由于市场的环境处于不断的发展和变化当中，因而金融行业的发展也存在着较大的变化。在这种情况下，金融行业的发展需要拥有统一的经营和发展标准才能够保证其快速发展。而造成现阶段我国一些企业在开展风险投资过程中存在一定的违规行为的主要原因，也正是由于在金融行业的发展过程中缺少明确的法律法规以及相关制度的约束。

在现阶段我国风险投资活动的开展过程中，由于缺少统一标准的行业规范以及规章制度的管理，一些企业在实际的经营过程中会因缺少明确的制度规定而导致各种追逐经济利益以及不正当竞争行为的发生。因此，种种原因加在一起，就会导致我国的金融投资管理工作不能够发挥其真正的作用，进而导致企业在开展风险投资活动的过程中出现较多的问题。

十、风险投资主体的单一和错位

投资主体是指筹集资本进行投资决策的人或机构。我国现有的几十家风险投资公司或创业基金，其资金来源主要依靠国家和地方财政，国家为风险投资的主体。而这种单一的投资主体模式就使得资金的来源渠道狭窄、规模小，不利于其在支持高新技术产业的发展中发挥作用。这从我国只有10%～15%的科技成果转化率，大量专利技术、科技成果闲置的现状中可见一斑。同时，这种小的资金规模也不利于分散投资，从而会限制组合投资在规避风险方面的运用，最终造成国内风险投资风险性的加大。

另外，政府担任风险投资的单一投资主体这一角色，也与风险投资的市场化特点相抵触。风险投资运转的三个阶段，投资风险的规避、科技知识产权的保护无一不是要依靠市场机制的作用。若由政府主导风险投资，会把行政的因素强加给市场，而不可避免地会产生低效率。原因在于：其一，风险投资的投资选择过程要求风险投资家具有一定的管理、投资、金融及科技等多方面的知识，而政府机构的官员之中却较少有能胜任此职的人才；其二，政府主导风险投资将导致政府官员的兼职行为或政府机构的委托代理行为，而在我国国有资产所有权虚置，监督机制存在漏洞的情况下，由于不必对自身的行为负责，必然造成政府官员的机会主义行为的产生，委托代理行为的道德风险加大，同时，因为政府官员需要对上级、代理人需要对政府负责，必然造成行政手段在资金投资方向选择上的干预，使风险投资按政府的意愿投放，而政府的非完全理性，以及与企业的信息不对称，必然会加大风险投资的风险性，这种加大的风险性，是政府角色的错位而导致了风险投资的非市场导向性的低效率运转的必然结果。

政府在风险投资中应发挥的是一种引导作用。在风险投资发展的初始阶段，由政府提供启动资金，通过兴办风险投资公司来吸引越来越多的社会资金。而我国资金渠道单一，没有充分利用包括个人、企业、金融和非金融机构等具有投资潜力的力量，来共同构筑一个有机的风险投资网络，投资的风险集中于国家一身而没有分担的渠道，这只会造成风险投资的低效率运转。政府作为单一投资主体而造成的行政影响更是使风险投资偏离市场导向。

十一、缺乏高素质专业人才

由于风险投资活动本身的高回报和高收益性质，尽管其在实际的开展过程中会产生较大的风险，但仍有许多企业愿意尝试这种方式。这也是导致现阶段我国的风险投资活动暴露出越来越多问题的主要原因。而在企业进行风险投资活动的过程中，规避和降低风险的最主要途径就是要对产品市场以及金融市场的变化方向和发展趋势能够进行合理的预测和判断，以便能够及时调整现有的风险投资和经营方案，达到减小企业损失的目的。而这种措施能够实施的最主要条件就是企业具备高素质的金融行业从业人员。

然而，在现阶段我国的企业发展过程中，由于开展风险投资活动的企业主体大多属于创业企业，其本身在人才方面与大型企业相比就缺少优势，因而相应的也缺少能够为企业的风险投资活动提出合理化建议的专业人员。而一些创业企业尽管拥有专业的金融行业从业人员，但人员的专业能力和个人素质等方面却难以得到有效的保证。企业应用这种本身就存在潜在隐患的人员开展风险投资活动，就会进一步加大企业受到金融风险影响的概率。所以，工作人员缺乏专业的能力和水平，是现阶段我国风险投资管理中存在的主要问题之一。

回顾最近五年，可以发现市场上多了一些投资乱象。其中最典型的有两种：一种是新晋的机构在不熟悉行业的情况下，只会跟着大机构的策略，扎堆投向热点的风口，导致每个领域都进入大量热钱，过度催熟的行业也只能依靠热钱进来维持，一旦资本市场遇冷，这样的项目终究会走向失败；另一种则是风投行业中开始滋生一类投资人，又当投资人又当公关，投什么行业就去媒体上疯狂包装，之后找到接盘者就快速出手转让，他们也被大众形象地称为"鼓风机"，这也是催熟行业导致项目最终走向失败的原因之一。造成这些乱象的直接原因便是人们对于风险投资行业的不熟悉，过于看重短期利益，导致他们将风险投资和追求风口画上了等号，他们在疯狂投资催熟行业的同时，也在让自己和行业慢性自杀。而投资者们对于风险投资的不清晰，归根结底是我们缺少具有较高专业素质的人才，没有足够多的专业人员做好风险投资基金的管理工作，没有人能让头脑发热的投资者们冷静下来。

十二、资金来源不足，渠道单一

在风险投资中，担任有限合伙人（LP），即出资人的主要有家族企业、高净值个人、上市公司等，在那些风险投资业发展较为成熟的国家中，风险资本也主要由他们的出资构成，例如，日本主要是金融机构和大公司，美国是有个人资本、金融机构、大公司、私募证券基金等。而我国则是主要由国企（国有独资）、政府出资，其中政府的参与度非常高，这也反映了资金来源不足的问题。并且，在我国风险投资的渠道也因为资本市场发展不够完善而过于单一，同时投资基金规模相比于美国等国家也显得较小。

目前，我国企业的风险投资和融资渠道比较狭窄，发展主要依靠内部积累，因此内部风险投资和融资比例较高，而外部风险投资和融资比例较低。银行贷款是企业风险投资和融资的最重要的外部来源，但银行是流动性的主要提供者和更新其国家资产的机构，很少提供长期信贷。

十三、风险投资企业信息披露不充分

对于上市公司来说，如果旗下有风险投资相关投资领域和投资项目，这会使得资本市场对其进行评估和重新估值。上市公司有着很强的保持不完全信息的动力，因此，就会尽可能地少披露或者不披露相关信息。尤其是民营企业背景的投资，管理者和实际利益保持了高度一致，而且为了防止竞争对手的抄袭学习，会不愿意披露信息。

十四、创业公司和风险投资母公司存在竞争关系

创业公司的资金来源于风险投资母公司,甚至人才、管理方法、社会资源也来源于母公司,因此受到母公司很大制约。而且创业公司所涉足的相关领域和业务是母公司战略布局里的一环,因此,母公司有较强烈的动机"合法地汲取"创业公司的发展成果,如模仿,或者通过干涉的方法,抽调相关人才到母公司。从这一角度来说,创业公司和风险投资母公司存在竞争关系。

基于以上的种种问题,要想风险投资活动能够为我国的企业发展起到更大的促进作用,就要对我国现阶段的风险投资管理工作进行完善。

第四节 企业风险投资面临的风险因素

由于风险投资企业自身不发生经营活动,或者说"投资"是它唯一的经营活动,其获利的唯一途径是来自其子公司——投资组合企业的经营活动。但我们又不能简单地将投资组合企业的价值最大化等同于风险投资企业利益最大化,因为事实上"企业"是多重利益的复合体,因此,考察风险投资企业的风险因素,往往有必要揭破被投企业法人结构的面纱,研究实质上的利益关系对VC(风险投资)价值造成的影响。本节主要按业务过程将风险投资企业面临的风险因素划分为以下四个方面。

一、投资交易风险

即风险投资企业作为投资人与被投企业之间进行股权买卖交易所遇到的信息欺诈风险,这种风险是第一种意义上的风险。

二、被投企业的经营风险

被投企业在经营过程中会面临两种意义的风险,在微观层面,它日常与其他商业主体发生交易关系时,可能会面临不良交易,从而构成第一种风险;在宏观层面,日常的各种交易可能会导致其现金头寸发生波动,从而构成第二种风险。对于作为被投企业的股东而言,通常更关注第二种意义上的风险,因为企业现金头寸的波动导致的财务困境成本往往是比较高的,特别是对于早期企业。

三、代理风险

主要是风险投资中参与者——投资人、风险资本家和风险企业经营者，通过风险资本这一枢纽，形成了投资人与风险投资家、风险投资家和风险企业的双重委托代理关系。委托代理人的利益是由代理人的行为来实现的，投资人一般不参与风险资本的投资运作管理决策，风险资本家虽然参与风险资本的管理，却不能像风险企业经营者那样参与企业的日常经营管理，这就给了代理人隐瞒信息的机会。在代理利益不一致的情况下，代理人可能会利用这种不对称的信息，对委托人做出不利于委托人的行为选择，从而导致代理风险。

四、退出风险

风险投资行为的退出可以从广义和狭义两方面来理解。风险投资退出的广义是指涵盖风险资本在相应项目的退出以及资本从风险投资基金的退出，狭义来说特指风险投资资金从被投企业的退出。我们在此探讨的即风险投资企业所持有的被投企业的股权不能及时变现的风险。

第三章 企业对风险投资的需求

融资问题是企业发展过程中面临的重大问题，不同的融资方式根据适应对象和各自特点也有不同的实用性，企业要根据发展的实际情况、融资需求和资本市场环境，合理选择融资方式，借助资本力量帮助企业做大做强，助力企业成长。本章分为我国企业风险投资的环境、什么样的企业需要风险投资、风险企业融资需求、融资风险评价原则与融资方式选择四个部分。主要内容包括：投资规模、投资机构类型、投资地域、投资行业等方面。

第一节 我国企业风险投资的环境

一、投资规模

1985年，国务院批准成立国内首家风险投资相关机构，这标志着我国风险投资业开始起步，至今已有接近四十年，在这期间，我国风险投资业得到了快速的发展，尤其是近些年，随着李克强总理"双创"新概念的提出以及相关政策的实施，越来越多的资本进入到创新创业领域中，我国投资市场的资本规模也迅速扩张。

无论是从投资案例数量的角度还是从投资金额的角度，我国风险资本市场在2010—2019年整体都呈现上升趋势。

2010—2014年间，众多因素促进了我国投资市场的起步。2008年全球金融危机令中国股权投资市场受到一定波及，投资市场因为宏观经济低迷的原因而选择了谨慎的投资策略。2009年，我国创业板正式落地，为人民币股权投资打开了一扇新的退出的大门，此后，投资热度开始日益上升。而在2012年，新股发行审核暂停，反馈到投资市场的具体表现是投资热度下降，在2014年重启后投资市场也迅速回暖。

第三章　企业对风险投资的需求

2015—2018年间，我国"双创"兴起，股权投资迎来了快速发展期，在这期间，4G技术的普及与"大众创业，万众创新"的提出及相关政策的实施，促使移动互联网领域迅速发展，为股权投资提供了大量可投资的项目，我国出现出了大批可投的企业、优质项目。2016年，国务院发布创业投资相关政策，肯定了风险投资的作用，将风险投资的地位提升到较高的地位。此后，2017年我国风险投资规模又迎来了一次大幅度提升。2018年《关于规范金融机构资产管理业务的指导意见》正式出台，次年二十多家科创板企业也开始正式发行交易，资本市场迎来利好。2019年至今，面对复杂的国际大环境以及越来越严格的监管体系，中国股权投资市场逐步进入调整发展期，场内机构开始注重自身能力的提升，如对风险的控制能力、投资后的管理能力等。2020年受到疫情影响，风险投资的投资金额与投资案例数量都有所下降，但总体来说，我国股权投资市场规模呈现上升趋势，资本市场通过不断调整渐入佳境。

二、投资机构类型

在20世纪末期，我国股权投资市场刚刚起步，在此时，由于国资机构缺乏经验，经营业绩较为逊色，外资机构占据我国股权市场主导地位。之后在外资机构的带动下，国内股权投资市场不断发展，一些优质的投资机构开始显现，如达晨创投、同创伟业、君联资本等。在2006年，我国股权投资市场中活跃的本土机构与外资机构数量相当，并在此之后，本土活跃机构的数量稳步上升。从2008年到2009年，本土活跃机构占比从65%上升至73%，有了较大增幅，本土机构逐步占据市场主导地位。具体来说，2008年之后，国内外经济局势发生变化，机构格局开始改变，一方面受到金融危机的影响，外资机构主动收缩在华业务，另一方面，随着优惠政策的出台以及创业板的推出，也使得本土机构活跃度稳步上升，逐步占据我国股权投资市场主导地位，与此同时，外资机构为捕捉更多国内机会，也纷纷设立人民币基金，加速本土化进程。从整体来看，我国股权投资市场发展迅速，本土机构崛起，迎来"黄金十年"。

三、投资地域

不论是从投资金额的角度看还是从案例数的角度看，我国的风险投资活动主要聚集在北京、上海、广东、浙江以及江苏，其中北上广位居前三，这也和我国地区经济发展状况大体相符。我国风险投资机构目的地域分布，同样可以看到机构数目分布较多的五个地区与风投投资金额和案例数较多的五个地区相同，从这也反映出了风险投资机构在进行投资时，会比较偏好地理位置近的企业，因为在进行投资时，风投机构不仅要进行事前的调查，还要进行投后的监督管理，地理位置相近会在一定程度上降低交易成本，减轻投资风险。总体来看，我国风险投资业的发展在地域之间具有较大差距，多分布在东部较发达的地区，因此我国风投的布局有待进一步完善。

四、投资行业

我国投资市场比较偏好的行业是信息技术产业，其次是可选消费与工业，不管是从投资金额还是从投资数量角度看，在这些年当中，信息技术产业都排在首位，进一步将信息技术产业进行细分，在信息技术产业的投资中，软件与服务类别投资金额与投资数量最多，占比均在80%以上。

同时，从投资数量来看，医疗健康行业发展迅速，虽然在数量上较信息技术业较少，但已趋近工业类别，这也反映出了随着我国经济不断发展，人民的生活温饱得以解决，因此对健康的关注度也不断增加，在这方面的消费支出也逐步增加，在此情况下，风险投资机构开始对生物医疗等方面更为关注。

此外，在金融业上的投资总金额较高，但是总数量较低，说明虽然在金融业的投资项目不多，但每个项目的投资金额相比于其他行业都较大。

2009年我国创业板开板，对国内股权投资行业的信心起到了较大的振奋作用。证监会则指出，创业板上市企业要突出创业板的板块特色以及在市场中的定位，多吸收新能源、新材料、现代服务等领域的企业。2015—2017年间，国内互联网快速发展，随后在2019年，上海证券交易所正式推出科创板和注册制，信息技术、生物医药等产业在政策上获得支持，进而投资热度也不断上升。总体来看，投资市场的热点变化与国内宏观环境、相关政策实施有一定联系，而近年来随着国内外环境变化，国际市场竞争越发激烈，我国开始更加重视信息技术、高端装备制造等领域，对于风险投资机构来说，不同行业有着不同的趋势，应根据自身重点投资领域规划投资策略。

第二节 什么样的企业需要风险投资

一、中小企业

所谓中小企业，按照美国的分类标准，实际收入在1亿美元以下的企业都是中小企业，但这种分类并不完全适用于其他国家或地区，也不完全适用于某些行业。

中小企业因其自身资金规模的制约、家族式的内部治理结构，使其融资能力受限。风险投资不仅能为中小企业提供资金，还能运用其先进的投资理念、专业的投资团队为中小企业提供专业化的经营指导，促进中小企业成长壮大。我国不仅出台了许多直接有利于中小企业的税收政策，在2018年也出台了对风险投资的税收优惠政策，更能间接扶持中小企业。

（一）风险投资对中小企业的影响

1. 对中小企业价值的影响

风险投资参与能对中小企业的每股收益（EPS）和每股股价起到积极影响，提升企业价值。这说明风险投资能够有效发挥其自身的监督作用以及调动相应的资源来促进中小企业发展。风险投资联合投资能提高中小企业价值，说明风险投资的社会网络关系能够为中小企业的成长带来必要的社会资源，从而创造价值；风险投资投资期限能够提升企业的EPS，但对每股股价的作用不明显，说明风险投资的长期监督能够对企业的财务绩效表现起到积极作用，而对其市场绩效表现尚不存在明显作用，对企业价值的促进作用不如风险投资联合投资，这可能是因为风险投资投资期限所代表的风险投资长期监督作用的价值创造效果是更为缓慢的过程，不如风险投资联合投资带来丰富的异质性资源促进企业价值增长的效用快。

但风险投资主要风投持股比和风险投资联合投资持股比对EPS有显著的负面影响，对每股股价的作用不存在显著作用。一方面可能是由于新三板创新层中一些风险投资的持股比经常变动，且某些企业的第一大风投机构每年都会变化，导致当年年末持股比变量无法涵盖这些变化的情况，另一方面也可能暗示了风险投资过度介入股权集中度较高的中小企业，会与家族管理者产生一些冲突，导致企业价值反而有所降低。

2. 对企业内部控制的作用

风险投资参与对中小企业的内部控制起到积极影响，而且相应的回归系数十分显著，说明风险投资确实能通过参与公司治理、监督管理层、建立健全相应的制度来提升中小企业的内部控制质量，防止信息不公开、违反法律法规给企业带来负面的影响。并且风险投资联合投资数量越多，风险投资投资期限越长，中小企业内部控制的建设越好。这说明风险投资的社会网络关系能够促使风险投资形成联合监督，更有效地防止信息不对称，减少相应的代理成本，完善相应的激励和监督制度，以提升内部控制质量。风险投资的长期监督能够让风险投资更了解中小企业的各个经营环节，察觉可能存在重大或重要风险的业务流程。

但风险投资主要风投持股比和风险投资联合投资持股比越高，中小企业内部控制的评分越低，这一方面可能是持股比的指标无法涵盖一些风险投资持股变动的情况，另一方面可能说明风险投资有时候提高或减少对中小企业的持股比并不是完全出于积极参与治理中小企业，而是有一些逐利的动机。

风险投资参与和风险投资联合投资可以部分通过完善中小企业的内部控制来间接提升企业价值。这说明风险投资能够影响企业价值的途径之一是帮助中小企业提高公司治理等内部控制环境，建立更有效的薪酬管理制度来激励管理层和员工更有效率地工作，发现、防范并应对中小企业面临的重要风险，增进企业的内外沟通等，促使各个内部控制要素积极发挥作用，为中小企业创造价值。风险投资联合投资可以促使这些风险投资机构连同其相应的社会网络形成一股监督的合力，促进中小企业严格遵循新三板的信息披露制度，且更自愿地披露能够促进与投资者关系的一些信息，这也在一定程度上说明了实证结果中风险投资联合投资只能通过内部控制来显著影响每股股价。因为良好的内部控制和公开的信息更能使中小企业得到市场投资者的青睐，促使其企业市场估值的提高。

可能是由于内部控制对于企业财务绩效的作用有一些滞后性，所以风险投资联合投资通过内部控制来影响 EPS 的作用不够显著。并非所有的风险投资异质性都能通过完善内部控制来提升企业价值，风险投资投资期限可以通过内部控制途径来影响企业价值，但只能间接提高企业的每股股价，风险投资联合投资持股比、风险投资主要风投持股比部分通过降低内部控制质量间接减少企业的每股股价。这说明风险投资异质性都或多或少会通过内部控制的途径来影响企业价值，但不同的风险投资特征可能反映风险投资对中小企业的不同作用，导致风险投资的不同特征对中小企业价值的影响可能相反，这证明风险投资积极的监督作用和消极的逐名效应同时存在。

3. 对中小企业创新能力的提升

风险投资参与对中小企业的全要素生产率（TFP）和销售毛利率起到积极影响，能提升中小企业的创新能力。这说明在国家创新驱动发展战略的引导下，风险投资能够发挥自身的专业优势、资金优势促进中小企业的创新研发投入，根据市场需要创新商业运营模式和组织结构，更好地支持和帮助中小企业增强对市场的敏锐度，提供足够的资源使中小企业抓住市场和国家政策给企业带来的机遇，从而全面提升中小企业的创新能力。这种创新能力的提升不仅体现在企业内部全要素生产率的提高，也体现在市场消费者对企业创新的认可和买单上，使得中小企业能够获得更高的销售毛利率。风险投资联合投资越多，中小企业的TFP和销售毛利率越高，这说明风险投资的社会网络关系能够为企业提供更充足的资金和更有助于企业创新的异质性资源，支持中小企业创新能力的提高。

风险投资投资期限对TFP和销售毛利率的作用不显著，说明风险投资的长期监督尚未对中小企业创新能力的提升起到作用，这有可能是因为风险投资投资期限通过创新能力这条路径来影响企业价值存在一定的滞后性，所以在稳健性检验中发现滞后一期的风险投资投资期限可能存在通过当期创新能力来间接影响当期企业价值的迹象，但没有通过逐步法的检验。风险投资主要风投持股比和风险投资联合投资持股比对TFP存在显著的负向影响，对销售毛利率不存在显著作用。这说明风险投资的持股比可能更多体现的是风投机构的逐名逐利的动机，所以更在意挖掘中小企业能够带来的短期利益，而忽视培育中小企业长期优势。

风险投资参与可以同时通过全要素生产率和销售毛利率来间接影响每股收益和每股股价，说明风险投资可以通过提高企业的创新能力的途径来促进企业价值的创造。风险投资的资金投入和对中小企业创新想法和实践的培育，促进中小企业在新时代的经济转型升级的潮流中增强自身的创新能力，增加创新的市场化成果，从而使企业的创新能够实实在在提升企业价值。风险投资联合投资显著通过全要素生产率来间接影响每股收益和每股股价，通过销售毛利率来间接影响每股股价。这说明风险投资联合投资能够通过其社会网络和社会资源为企业创新能力的培育提供充分的信息资源，促进企业的创新成功，从而提升企业价值。然而风险投资主要风投持股比不存在类似作用。风险投资联合投资持股比部分通过抑制创新能力来降低企业的 EPS，表明了该项风险投资异质性对企业价值减损的影响。

4. 对中小企业社会责任的影响

风险投资参与尚未对中小企业社会责任有显著的影响，这可能是因为涉及风险投资参与的变量和社会责任变量的模型整体拟合度不高，选择的控制变量尚未把影响社会责任的因素考虑周全。这一方面可能说明风险投资对企业社会责任的表现作用有限，另一方面可能是由于风险投资的不同特征对企业社会责任的作用不同，导致彼此之间的影响可能会相互抵消。所以当考虑风险投资异质性时，发现风险投资联合投资数量越多，中小企业的社会责任表现越好。这也证明了风险投资联合投资的社会网络关系会促使中小企业开始重视多个主要利益相关者的关系，在创造利润的同时兼顾债权人、员工、客户、供应商以及周边社区的需求，以谋求企业的长期生存和发展。

风险投资投资期限对企业社会责任的表现作用不显著，这可能是因为风险投资投资期限所代表的长期监督和互动对企业的社会责任贡献有一定的滞后性，所以稳健性检验中发现前一期的风险投资投资期限越长，当期的社会责任表现越好。这说明风险投资在长期投资中小企业的过程中，会与企业一起慢慢营造更为友好信任的营商环境，促进企业的社会责任表现。风险投资联合投资持股比和风险投资主要风投持股比对社会责任的作用不显著，但滞后一期的风险投资联合投资持股比与风险投资主要风投持股比对中小企业的社会责任表现有显著的负面影响，这可能也再次说明风险投资持股比的大小更反映风险投资的逐利动机。

风险投资联合投资可以通过社会责任这条途径来影响企业价值。这说明了风险投资良好的社会网络可以通过增加企业对重要关系网络中的利益相关者的关注，提高企业在社会责任方面的投入，使企业能够在更加合作、相互信任的社会关系中发展，从而提升企业价值。但风险投资投资期限和风险投资持股比不存在明显的通过社会责任途径来影响企业价值的作用。

综上所述，风险投资能够发挥应有的认证监督作用和一定的增值服务作用，可以通过自身的资源、关系和专业优势来直接提升企业价值，也可以通过完善企业内部控制制度和提高企业各方面的创新能力来间接为企业创造价值，但对企业社会责任的作用不显著。

风险投资联合投资能够同时起到认证监督作用和增值服务作用，所以风险投资联合投资通过其异质性的社会网络关系直接提升企业价值，还可以通过内部控制、创新能力、社会责任这三条路径来间接为企业创造价值。风险投资投资期限的认证监督作用和增值服务作用不如风险投资联合投资那么显著，而且还存在一定的滞后性。所以风险投资投资期限对中小企业价值的提升作用有限，而且通过内部控制这条路径间接影响企业价值的作用也有限。

风险投资联合投资持股比和主要风投持股比则体现出了"逐名假说"，对企业价值、内部控制、创新能力、社会责任都存在显著或者不显著的负面影响。风险投资在决定持股比的时候并非出于积极参与企业治理的动机，而是根据市场对中小企业估价的变动，或者其他原因来增加或减少对企业的投资比例。但也有可能是因为中小企业大多为家族企业，本身的股权集中度较高，家族管理者和风投机构会产生一些冲突，股东之间会有内耗，导致决策效率变低，从而降低了企业对于内控、创新等及时决策的能力，从而使企业的业绩反而变得更差。

（二）中小企业参与风险投资的建议

在国家不断出台各种政策缓解中小微企业融资难、融资贵的背景下，风险投资作为中小企业一种特别的融资渠道，不仅能够为企业提供长期的资金支持，还能发挥其优势，对中小企业进行投后管理，进一步推动企业做大做强。但目前中国风险资本市场依然还处于初级阶段，所以并非所有的风险投资都能为企业带来积极的影响，有一些风投逐名逐利的动机反而会阻碍中小企业的价值创造。下面通过理论分析和实证结果分析，对中小企业参与风险投资提出相应的建议。

1. 创造中小企业价值

风险投资机构注资后参与中小企业治理的过程中，可以通过多种途径直接或者间接影响企业价值。

首先，风险投资机构可以通过加入企业董事会、监事会，并出席相关会议，积极行使表决权等方式加强监督，凭借其企业管理的专业知识和丰富的社会网络资源，协助中小企业制定合理的发展战略，可以通过高管驻派参与中小企业具体业务的规划，提高中小企业管理水平，或者通过定期查阅财务信息、视频会议等方式与高管保持沟通，缓解信息不对称的状况，来直接提升风险投资自身的投资绩效和中小企业价值。风险投资机构可以通过充分利用自身优势和资源，与其他风险投资机构抱团投资，注重长期投资，促进中小企业持续发展。

其次，风险投资机构还可以通过改善企业内部控制、增强创新能力和提高社会责任意识三条路径来间接影响企业的管理制度、生产效率和社会网络，实现企业组织管理效率、产品绩效和社会关系等不同层面改善，进而提升中小企业价值。

因为在中小企业做大做强的过程中，内控制度是企业稳健经营的基础，创新能力是企业获利增长的关键，社会责任则是企业持续生存的保障。

风险投资机构可以通过改善中小企业股权结构，改变董事会组成、公司章程中相关制度等方式来改善企业的内部环境；通过对企业重大风险点的防范和应对来增强企业的风险管理意识和能力，防止舞弊现象；通过参与中小企业关键人员聘任和薪酬制度的制定，以及重要业务环节的制度安排等途径做好相关的控制活动；通过加强信息披露和沟通来促进企业的内外信息交流；定期对财务和业务进行监督以保证企业的内控能发挥应有的作用。内控的完善能够为企业的长期经营发展打下坚实的基础。

风险投资机构在提供资金的同时也可以对企业使用该项资金的用途进行一定的监督和建议，促使资金更多地投入企业核心竞争力的打造中，根据自身所掌握的信息和网络资源，对于企业的创新投入与组织管理模式的创新提出更具针对性的建议，帮助企业更好地把握前沿知识，促进创新走向市场，真正地转换成财务成果，促使企业的创新能力，从而为企业创造价值。风险投资参与企业后，会为中小企业带来新的社会网络，所以在投后管理中要引导和督促中小企业关注除股东外的主要利益相关者的诉求，通过相应资源的投入、中小企业对合作伙伴的承诺来帮助企业建立新的社会关系并维护好这些社会关系，促使企业能在更为融洽协作的商业环境中成长并不断创造价值。

2. 选择异质性风险资本

中小企业在选择相应的风投机构注资时，可以尽量欢迎更多优质的风险资本同时向企业投资，并且充分利用风险资本的社会网络关系带来的各种资金资源、信息知识资源、供应商和客户资源来不断增强自身的经营能力，培育和拓展自己的核心竞争能力，增强自身的创新能力。同时，可以听取众多风险投资机构共同建议来规范自身的治理与管理方面的各项制度，建立健全并执行好相应的内部控制制度，为企业稳步成长奠定基础；并且重视众多风险投资机构给企业带来的新合作伙伴的关系维护，满足主要利益相关者的诉求，以获得更加稳定和友好的经营环境。创新能力、内部控制、社会责任三方面的提升，也能为企业创造更持久的价值。

中小企业可以保持和一些优质风险投资机构的长期伙伴关系，相互之间定期保持有效沟通，接受风险投资机构合理有效的监督治理，听取风险投资机构合适的建议以完善企业的内控各要素所涉及的内容，充分利用风险投资机构的管理和技术知识来提高企业整体的创新能力，并且在长期合作中增强双方的信任感，促使双方的社会网络关系有更紧密的交叉和融合，注重企业内外关系的维护，提高企业的社会责任表现，慢慢地提升企业价值。

中小企业需要慎重地决定风险投资机构在多大程度占有公司的股份。因为风险投资机构的持股比例较高可能会对企业的生产经营带来负面的影响。因为风险投资机构的持股比例越高，在股东大会上的话语权越高，越可能影响企业的董事会人员构成，如果风险投资机构对企业的经营规划上的想法与中小企业原先的管理者、股东的看法不一致时，双方之间可能会产生一定的冲突，一些重要决策的制定和选择的效率就会变得低下，使一些中层人员与基层工作人员对企业的发展方向感觉更加模糊，降低了整个企业的工作效率，使中小企业丧失原先决策灵活快速的特点，错过一些重要的市场机遇，并且当风险投资机构持股比例较高时，其追名逐利的动机更大，反而可能会进行隧道挖掘，降低企业价值。

3. 政府出台有关风险投资相应政策

目前国家对风险投资投资满两年的税收优惠措施是相对合理的，引导风险投资机构更加注重对中小企业的投后管理，而非只是进行短期的价值挖掘。然而当前资本市场信息披露仍不完善，特别是风险资本市场的信息透明度更低。

因此，建议国家出台相应的制度来规范风险投资机构与私募企业的组建与管理，引导风投机构健全相应的运营机制，并鼓励风投行业内部的相互交流，抱团投资，引导低声誉、资质较差的风投机构转变其投资理念，促进产业发展的同时，也与被投资企业一起转型升级。为了防止一些风投和私募机构随意募集资金，或者违法违规募集资金，并且将资金使用在不受鼓励的地方，降低资金的使用效率，建议建立健全有关风投和私募机构相应的信息披露制度，对风险资本市场进行必要的监督，让声誉抑制风投机构的自利行为，保证社会资源有效配置。同时，需要引导风投机构或私募基金的管理人加强对自身专业能力培养，促成行业诚信制度建设，使其能科学地服务和监督中小企业的经营管理，从而为企业创造价值。

二、科技型企业

科技型企业是指聚集高等学历的管理与研发人员，由科技研发人员组织创办，从事高新技术产品的研发、生产、销售、更新等相关经济活动，企业生产经营过程中大量运用前沿高新技术，以市场为导向，自负盈亏的知识密集型企业。但是随着科学技术的不断进步，反映科技型企业属性的R&D（科学研究与试验发展）和企业科技人才占比也将水涨船高，关于科技型企业定义标准也是处于动态变化的。故科技型企业的认定应依据实体经济发展的动态趋势保持动态的标准变化。

（一）科技型企业有关风险投资的研究现状

1. 国外研究现状

伯杰（Berger）和乌代尔（Udell）在企业不同生命周期的融资行为的研究中发现，企业的投资主体将会跟随企业生命周期的变动而变动，处于不同生命周期的企业将会有不同的投资主体，例如当企业处于初创期时，该企业将遭遇严重的资金约束，企业外源性融资困难重重，严重的资金约束将导致处于初创期的企业不得不选择内部融资。米歇尔·费拉里（Michel Ferrary）的研究认为，当科技型企业处于种子期和成长期，科技型企业的主要投资者为风险投资中的风险投资者或者是天使投资者，他们对科技型企业投资的同时还将会参与到科技型企业的管理中去，风险投资对科技型企业的投资风险的规避方式是依赖于对科技型企业所有者行为的监管和实施有效激励来规避科技型企业投资中的风险和管理风险投资的不确定性。拉沃·丹塞布（Ravaud·Danset）和杜波克格（Dubocage）在研究中发现，当科技型企业处于成长期或者处于快速发展阶段，科技型企业仅仅依靠自有资金已经不能满足企业日常发展需要，该阶段科技型企业主要投资者将是商业银行的金融信贷，商业银行对科技型企业投资风险的规避方法是通过担保机构的抵押贷款；并对于商业银行与担保机构各自为营的情况进行了分析，在研究最后结合对美国科技银行模式对于担保机构与商业银行之间的投资风险冲突提出了解决办法。

2. 国内研究现状

郭文伟通过数理模型分析与实证分析结合的方式分析了科技型企业投资中，科技型企业信贷违约风险与科技型企业特征、企业融资模式之间的相关关系，认为科技型企业信贷违约风险与科技型企业的产业规模、科技型企业所有者的管理经验与年限、科技型企业所在区域之间是负相关的。王玉红对科技型企业进行量化的生命周期分段，在其研究中表明，在科技型企业不同的生命周期，其资本结构存在较大差异，造成这种情形的原因是科技型企业在不同生命周期的投资主体存在差异，并提出不同生命周期的科技型企业投资主体各自发挥其主体优势可有效地规避科技型企业的投资风险。汪泉、曹阳在对科技型企业的信贷违约风险与传统企业的信贷违约风险进行分析比较之后提出，科技型企业的信贷违约风险远大于传统企业的信贷违约风险，应建立专门的科技型企业商业银行或者金融机构，通过金融产品创新来实现针对性的科技型企业投资风险规避。鲍静海、徐明等建立了柯布道格拉斯生产函数的委托代理模型，将科技型企业的信用风险在投资者和科技型企业之间建立风险规避模型，深度研究了科技型企业信用风险的分担。曾莉、王明等采用改进灰色关联分析法研究科技型中小企业知识产权质押融资风险的合理分担机制。

（二）科技型企业各阶段风险投资

1. 初创期

对于初创期科技型企业，风险投资是科技型企业融资的重要来源。对于风险投资者而言，在进行风险投资的同时，要求参与到科技型企业的管理中并且享有控制权。风险投资者参与到科技型企业的投资活动中，导致科技型企业经营权与所有权分离，进而导致风险投资者投资于初创期科技型企业主要面临两个方面的风险。

一是在进行风险投资前，由于科技型企业创立者与投资者之间的信息不对称，产生逆向选择的风险。由于风险投资者与科技型企业创立者之间在投资前信息不对称，导致在风投市场上随着风险投资公司对于研发项目投资报酬率的要求的升高，科技型企业愿意在风险资本市场上申请风险资本入场的最高平均研发成功率降低，即风险投资者所要求的风险投资报酬率越高，申请资本入场的科技型企业平均的研发成功率越低，风险投资者所面临的研发失败的风险越高、投资风险越大。

二是在风险投资后，由于科技型企业创立者与风险投资者之间的就科技型企业努力程度的信息不对称和对科技型企业R&D信念不一致，科技型企业的创立者基于自身效用最大化以及机会主义行为将导致科技型企业与风险投资者之间的帕累托最优交易不能实现。

在基于控制权信号传递博弈的科技型企业逆向选择风险分担模型中，信息优势方的科技型企业清楚地了解自身研发能力水平这一私人信息，相较于研发能力较差的科技型企业创立者，研发能力较好的科技型企业创立者更愿意将更多地控制权转移给风险投资者，以便于风险投资者在获得高控制权的同时可以借此信号将自己与研发能力较差的科技型企业创立者分别开来。反之，对于研发能力差的科技型企业，由于风险投资者与科技型企业创立者之间的事先信息不对称在风资本进场后，风险投资者会参与到科技型企业的管理中，这种信息不对称会逐渐减小，若风险投资者这时发现科技型企业创立者的研发能力较差，在风险投资者拥有控制权的情况下，会对科技型企业创立者进行淘汰替换，使得研发能力差的科技型企业创立者丧失控制权收益。通过在信息不对称下不同成功率的科技型企业创立者所愿意释放的控制权比例不同，建立基于控制权信号传递的科技型企业逆向风险分担模型，根据模型结果可知解决在科技型企业创立者与风险投资者之间实现逆向选择风险共担的路径是通过事先契约来增大"套牢谈判成本"，同时降低事后机会主义能为科技型企业创立者带来的收益。

在基于多阶段投资博弈的科技型企业道德风险分担模型中，风险投资者和科技型企业创立者在投资合同签订前是信息完全对称的，科技型企业创立者和风险投资者在签订合同时就该投资的阶段进行了协商，规定该投资共分为 K 阶段，就 K 阶段内科技型企业创立者与风险投资者之间的预期收益的博弈分析中发现，解决道德风险的途径是风险投资者加大对于科技型企业创立者的奖励激励，抑或是科技型企业创立者加大之后研发区间 R&D 项目成功率信念来激发科技型企业在研发项目的努力程度，减小风险投资者与科技型企业创立者之间的道德风险，即解决道德风险的路径是建立合理的激励机制和风险监控机制。

2. 成长期

成长期的科技型企业的信贷融资路径是以商业银行为中心的银保协作性的信贷供给，科技型企业获得信贷投资的主要途径有两条：一是通过政府机构对于商业银行的财政贴息等促进商业银行对科技型企业的信贷支持；二是科技型企业通过担保机构进行担保抵押，获取商业银行的信贷投资。

逆向选择风险是商业银行贷前信用风险生成的重要原因。一方面，通过对财务报表的粉饰，使得商业银行从业者在进行信贷手续办理时，无法识别科技型企业财务报表的虚假信息，进而顺利通过商业银行信贷审核甄别，获取商业银行的信贷投资。另一方面，科技型企业的资产大多为无形资产，在评估方面随机性较大，科技型企业在进行担保抵押时，通过违规手段使得科技型企业担保抵押资产被高估，最终获取到与自身担保抵押不匹配的信贷投资。

道德风险是商业银行贷后信用风险生成的重要原因。隐藏行动的道德风险是指科技型企业在获得商业银行的信贷投资后，为了追求高收益，可能会将所获取的资产用于高风险项目，进而采取不利于商业银行的投资行为。隐藏信息的道德风险是指在商业银行向科技型企业进行信贷投资时，科技型企业是信息优势者，常常对企业投资的风险水平、研发成功率等信息比较了解，而商业银行是信息劣势者。商业银行侧重关注科技型企业还款的概率，为了增加企业还款的概率，商业银行必须对科技型企业进行监管，但是由于高昂的监管成本使得商业银行这种监管是不全面的，故在商业银行向科技型企业发放贷款后，科技型企业为了自身收益最大化常常会隐瞒相关经营信息以谋求相关经济收益的流入。

在政府机构与商业银行的科技型企业信用风险分担模型中发现，政府机构通过"财政补贴"和"税收优惠"的方式对商业银行提供信贷风险补偿，用以提升商业银行的最高风险界限，加大商业银行对科技型企业的信贷规模。

在担保机构与商业银行的科技型企业信用风险分担模型中，首先就担保机构与商业银行分立运作时的风险冲突进行分析，发现在商业银行与担保机构相互分离的信贷模式中，商业银行承担的风险要远远小于担保机构所承担的风险，且商业银行在信贷投资中的收益又大于担保机构的收益。担保机构与商业银行之间的收益风险不匹配会导致在科技型企业发生信贷违约时担保机构出于自身效用最大化而采取有损商业银行收益的行为。

三、高成长企业

高成长企业是指销售额和利润连续3年以上每年增长100%以上的企业。高成长企业包括一些科技企业，对于发展中国家来说，高成长企业有时并不是科技企业。风险投资与高成长企业有着共同的目标——股东财富最大化，因此高成长企业很容易获得风险投资的资金支持，高成长企业要保持高成长离不开新技术的引进。

（一）高新技术企业

1. 高新技术企业需求风险投资的原因

风险投资的蓬勃发展离不开企业壮大，企业的生长更需要风险投资的助力，两者相互依存。风险投资对企业如此重要的原因在于其为企业提供了另一种附增值服务的新型融资方式。对普通企业而言，融资方式分为直接融资和间接融资两种，而我国间接融资渠道占比长期稳定于85%至90%之间，直接融资渠道占比不超过10%。对于银行而言，小微企业天然存在信息不对称劣势和高坏账风险，因此较难持续性融资，而风险投资机构作为以股权形式进行投资的机构，可以天然进行信息筛选和前景分析，直接注资于被投资企业，且积极主动提供投后管理服务，切实真正参与企业的经营活动，加之2014年"大众创业，万众创新"的鼓励，风险投资越来越成为创业企业尤其是高新技术产业的重要融资通道，国家也开始鼓励大力发展风险投资基金。

风险投资的集中投资领域与国内的产业生态有关，早期多集中于互联网企业；目前则主要聚焦芯片、软件等相关高新技术企业。风险投资关注高新技术企业的原因主要有三方面：一是目前全球经济暂无新的助推力，我国经济又转入质量发展阶段，新旧动能转换的重要性凸显，市场对科技创新的需求日益紧迫；二是自2018年中美贸易战爆发，核心技术创新已成为我国新历史阶段的重要立足点，众多种子期的高新技术企业急需资本养料加速发展进程；三是风险投资扶持高新技术企业存在天然的优势，如风险投资团队通常具有技术和金融的复合背景，对高新技术细分领域有专业的技术认知和商业变现路径理解，更易孵化出成功的企业。

鉴于此，风险投资的重要性在高新技术行业正日益放大。2018年全球风险投资行业的投资总金额和数量都达到巅峰，累计金额高达3745亿美元。2019年，由于全球经济增长放缓以及不确定性等因素多重叠加，加之新冠肺炎疫情影响下供应链和产业链受阻，投资端趋于谨慎，风投累计金额3389亿美元，同比降低9.5%。

2. 风险投资对高新技术企业的影响

一是风险投资机构的介入与高新技术企业的发展质量存在正相关关系。高新技术企业由于发展的不确定性较大，通常难以获得银行贷款，存在较为严苛的融资约束条件，然而风险投资与银行贷款不同，作为一种特殊的融资模式，风险投资不仅仅缓解了被投资企业的融资难问题，还通过市场协同、战略咨询、管理层团队建设等方式为被投资企业带来了多项增值服务，风险投资从微观来看促进了企业的快速发展和资源的有效配置，从宏观来看则有助于促进行业技术创新，提升国家经济实力。在高新技术行业里，风险投资对价值的判断通常基于企业技术研发带来的优势性程度，是对被投资企业产品、市场、研发等前景的看好，因此被投资方在战略确定和企业自身实力上具备一定基础，风投机构的介入通过提供商业模式和管理咨询方面的建议，最终促进提高高新技术企业的发展质量。

二是风险投资的特征差异对高新技术企业的发展质量影响不同。首先，从风险投资持股比例的角度来看，高持股比例的风险投资对企业的发展质量有提升作用，原因是高持股比例的风险投资更偏向战略投资者角色，而非广撒网的财务投资者，因此在管理层面、战略方向上均与被投资企业有着更紧密的商业合作关系，会更积极主动投入被投资企业的经营管理中，从而充分发挥风投机构对被投资企业的资源协同效应。其次，从风险投资机构的数量来看，风险投资机构参与的数量越多，越能提升企业的发展质量。主要原因是风险投资机构的数量某种程度上代表了联合投资以及多家私募对标的企业发展前景的看法。最后，从风险投资机构规范性的角度看，风险投资机构的规范性程度越高，越易提升被投资企业的发展质量。原因主要是高度规范的风险投资机构将面临更高透明度的监管条件和更严格的风险管控，因此风险投资机构在投前所做的行业研究以及企业尽职调查、对企业的投资价值研判更为慎重且明晰，在投后对被投资企业的管理上也更加符合企业现阶段的发展要求，从而有助于提升企业的发展质量。

三是风险投资通过技术创新和管理创新渠道，最终对高新技术企业的发展质量发挥正面提升作用。根据熊彼特的创新理论，将创新分为技术创新和管理创新。风险投资通过对技术创新和管理创新产生正向促进作用，最终影响企业的发展质量。首先，管理创新体现在人才管理的创新和管理机制的创新上，管理创新有助于节约企业资金，减少管理环节的资源浪费和效率低，将有助于企业经营潜力的充分释放，风投机构的介入可以从外部投资者的角度为被投资企业提供更为独立客观和高效的管理咨询建议，有助于优化被投资企业的人员结构和管理体系，进而提升企业经营效率，对其发展质量提升发挥正面促进作用。其次，技术创新的直接目的是通过研发领先的技术并迅速市场化促进企业的高质量增长并提升企业价值，而高新技术企业发展质量的关键衡量指标在于创新和研发，风险投资的介入也同样着眼于创新，并且为标的公司带来了必要的资源支持，在技术成果转化为成功的商业模式上也提供了大量增值服务，从而提升了企业的发展质量。

3. 高新技术企业参与风险投资的对策

一是引导高质量风险投资机构投资高新技术企业。风险投资机构作为具有信息筛选、资金注入、自带管理经验等优势的机构更适合扶持小微企业，助力发展高新技术产业，促使我国早日成为制造业以及创新强国。我国小微企业的扶持与发展离不开风险投资，且自2020年起金融市场逐渐开放，政府可吸引相对高质量的战略风险投资机构入驻企业，对于中外合资背景的风险投资机构给予适当的优惠和补贴，助力提高企业的发展质量以及一级市场秩序的规范性。

二是提高风险投资规范性，引导风险投资机构对企业进行战略投资，加强投后管理。实证研究风险投资的规范程度与目标公司的全要素生产率呈显著正相关的关系。案例表明大量风险投资机构为财务投资者，存在投机性行为，因此政府部门应出台相关文件规范风险投资机构，提高其专业程度，注重被投资企业的长期发展和自身的长期利益。

三是完善信息披露制度，打造高质量信息披露平台。一级市场存在严重的信息不对称，且创业创新面临的风险和成本极高，因此会存在骗取投资、风投机构仅追逐资本增值而人为抬高独角兽企业估值等市场乱象。为此，政府应完善一级市场的信息披露制度，防止资质不良企业粉饰发明专利数量、前十大销售客户以及财务报表从而进行逆向选择；同时防止风险投资机构与被投资企业联合，利用信息不对称进行不正当的牟利，危害创业创新市场的长远发展。

（二）信息技术类企业风险投资

1.信息技术类企业需求风险投资的原因

信息技术业，是指运用各种技术对信息进行搜寻、收集、整理、分析，并将信息进行储存、传递，最终用于各种生产活动的行业。信息技术类企业是指按照最新行业分类中一级分类为信息技术的相关企业，具体包括软件与服务、技术硬件与设备、半导体与半导体生产设备三个子分类的相关企业。信息技术类企业具有以下特点。

①属于知识、智力密集型企业。信息技术类企业的诞生往往是因为一项技术创新，其可以帮助企业在市场中立足，企业前期大部分投入用于技术研发，高度重视技术创新，人力资本是信息技术类企业最宝贵的财富。

②投资周期长。信息技术类企业对于技术研发没有特定的时间限制，即使技术研发顺利完成也需要经历产品初步生产、试销售、大规模投产等过程才能获得利润，这个过程一般要在3年以上，投资这类企业周期较长。

③投资高风险与高收益并存。投资信息技术类企业不仅要面临企业技术研发失败的风险，还要面对竞争对手先发制人取得技术成果、市场对企业技术产品反应冷淡等风险，这些风险一般无法准确预计，一旦出现就会导致企业经营出现严重问题，因此投资风险大。但是，作为知识密集型企业，信息技术类企业一旦获得市场的认可，其后期产品的边际成本极低，企业可以凭借其技术优势实现市场垄断，由此带来高额的利润回报。

正是因为信息技术类企业具有高风险与高收益并存、投资周期长、知识密集等特点，风险投资对信息技术类企业格外青睐，而信息技术类企业在初创期由于缺少研发资金也需要像风险投资机构这种专业机构为企业提供融资，同时向企业提供战略管理、市场营销、运营管理、股权激励等多种增值服务，一方面帮助企业分担运营风险，另一方面也实现了对被投资项目的准确监督，故风险投资与信息技术类企业的融资需求具有天生的契合性，成为信息技术类企业天使融资和初创期投资资金的主要来源。2009—2019年是我国信息技术类企业高速发展的10年，风险投资为信息技术类企业发展注入了新的资金活力。风险投资对于信息技术类企业的投资金额呈现出逐年上升的趋势，仅在2019年有所下降，同时从2017年开始，风险投资对信息技术类企业的投资数量有所降低。整体看，风险投资参与了信息技术类企业高速发展的整个"黄金期"，在2017年以后投资热情有所下降，一方面是因为金融科技、生物医药科技行业的迅速崛起分走了风险投资部分注意力，另一方面是因为信息技术业开始走向稳定发展期，风险投资开始回撤投资。因此，风险投资是我国信息技术类企业高速发展的重要推动力，这一点同样可以在风险投资的退出情况中得到侧面印证。2009—2019年，信息技术类企业的退出案例数和退出金额数虽然有所波动但是整体上呈现出逐年上升的趋势，说明风险投资在不断追加对信息技术类企业投资的同时退出情况也在逐年加剧，特别是近年来资本市场对企业上市监管比较宽松，很多风投支持的企业IPO上市后风险投资迅速退出，据统计，2009—2019年，10年间风险投资对信息技术类企业IPO上市事件的参与率达到70%，同时也在184家信息技术类企业上市后快速退出。

2. 信息技术类企业参与风险投资策略

（1）完善风险投资机构评价机制

风险投资机构会因为"逐名效应"、项目周期特性、追逐超额资本回报等原因推动发展不成熟的信息技术类企业快速上市。为了解决这一问题，资本市场可以尝试完善风险投资机构评价机制，对风险投资机构的评价不局限于资产管理规模、年化投资回报率等方面，而是兼顾风险投资所投资企业的特性，从被投企业的后续运营状况、风险投资机构的社会责任承担情况、投资项目运行周期等方面对风险投资机构进行综合评价，避免出现风投机构匆匆推动企业上市后撤资、被投企业市场表现一蹶不振等情况。一方面，可以引导风险投资机构将资本运用于重点发展行业领域、引领经济发展方向，另一方面，可以保护被投企业和中小投资者免受风投资本"快进快出"的伤害。

除此之外，还需要加强对上市企业的多方面审查。尽管注册制上市发行有利于企业快速融资，企业上市所需监管流程更少，但是对于存在战略投资、风险投资的企业，在上市前需要进行多方面的调查，这种调查应不仅仅局限于企业的财务状况，更要对企业未来的发展情况进行合理的评估，防止其上市后引发资本市场混乱，做到将资本通过市场机制给到真正创新发展的公司决策者手中去；从社会舆论角度讲，应该将风投机构持股纳入对上市公司的审查，如将风投机构的市场评价纳入考量范围，实现被投企业与风投机构的价值捆绑，防止多方利益不一致导致企业发展受限、市场表现低迷等情况发生。

（2）重视资本利用的可持续性

风险投资的项目周期在3～5年，一方面项目周期过长风险较大，另一方面要考虑风险投资机构的投资人需要及时看到投资回报，无法拉长项目周期，所以才可能会出现风投机构过早推动被投企业IPO上市的情况，为了使风险投资机构能够获得更高的市场声誉，同时保障投资者的利益，风险投资机构在实际运行过程中可以考虑以下三点。

第一，综合评价项目发展，即使被投企业已经上市，也不要急于将资本全部抽回，可以根据企业研发创新、生产经营、市场表现等情况对企业重新进行评估，对于发展态势较好的企业尝试中长期持股、分阶段撤资。这样既可以增强市场信心、维护良好的市场声誉，又可以通过中长期持股谋求新的收益增长点。

第二，为了保障良好的市场声誉、拓宽融资渠道，风险投资机构在注重自身收益率的同时，要综合考虑政策引导、社会影响等方面，真正发挥风险投资作为"经济增长的发动机"的社会作用，谋求资本的可持续发展。

第三，风投机构对于持续关注的项目可以进行更多投入，如大比例持股、进入企业管理层等，解决企业当前因为风险投资参与程度不够带来的负面问题。

（3）注重自身创新发展

企业在引入风险投资这种追求超高收益的机构融资时，要对风险投资机构进行综合评价，不仅要考虑风投机构以往的投资历史，还要对风险投资机构对企业本身的要求是否合理、是否符合企业的长期发展方向等内容进行综合评价，在涉及与风险投资机构之间的"对赌协议"时要更加慎重，尽可能通过项目本身与风险投资机构进行谈判，防止风险投资机构对企业管理进行过度干预，但是也要积极吸收风投机构带来的先进管理经验，尽可能采纳对企业发展有利的建议。除此之外，信息技术类企业还要综合把握企业发展方向，明确研发创新对企业发展的重要性，在涉及企业长远发展的创新战略上不能一味让步，同时在IPO上市之后更要保持清醒的头脑，不要被市场波动迷惑，对于风险投资机构参与管理的企业，更要做好风控预案，防止风投机构将管理团队撤回引发企业混乱，同时要引入第三方机构对企业治理进行综合评价，适时对企业内部管理制度进行修改和完善。

第三节　风险企业融资需求

一、企业融资理论

所谓企业融资，是指企业根据自身发展需求以及资金情况，从外部或内部进行资金筹措，主要目的是用于自身的生存发展，如日常经营、产品研发经营等。传统的融资理论指出，当企业开展一项新项目时，会对资金需求进行预估，在进行融资时，一般来说会优先采用内部融资的方式，即使用企业的内部积累的可使用资金，其次才会考虑外部融资的方式，主要包括通过债券进行资金的融通以及外部投资者的资金注入（股权融资），也就是说，在进行融资时一般是先内后外的顺序。

在现实中，企业在进行创新活动时需要大量资金进行支持，因此如果仅仅依靠企业进行内部融资可能是远远不够的，因为企业的创新想法从构想转变为能为企业带来收益的盈利项目是一个漫长的过程，需要资本不断地进行投入，并且在这过程当中，具有很多无法控制的因素，使得企业创新活动面临极大的不确定性，因此难以从传统的金融机构（如银行）获得所需要的资金，而风险投资机构是一种愿意投资高风险项目以期获得高收益的新型金融机构，这种特征正好符合企业创新所具有的特点，因此风投机构能够帮助企业解决在创新过程中所遇到的融资约束问题，并且风险投资逐步成为各类企业尤其是创新型企业受欢迎的融资方式。一方面，风险投资机构对企业进行投资，直接向企业投入大量资金，另一方面，由于风险投资机构本身就存在"认证作用"，因此如果有声誉较高的风投机构对某一企业或某一项目进行投资，那么在一定程度上就反映了风投机构对该企业或项目的认可，认为企业或项目在未来具有发展潜力，侧面提升了目标企业的信誉，能更进一步帮助企业获取更多的资金进行创新活动，有效地克服融资约束问题。除此之外，风险投资机构还具有较为专业的管理团队，在社会网络资源等方面具有优势，可以弥补企业在经营管理、市场等方面存在的劣势，进一步从整体上促进企业经营绩效的提升，同时向其他风险投资机构传递出此项目有良好发展前景和潜力的信号，吸引在资本市场中的投资者参与投资。周芷伊选取在我国创业板成功上市的高新技术企业作为主要研究对象，探究了风险投资影响企业经营绩效的途径，进一步通过进行实证分析，发现风险投资会对企业的创新产生影响；此外，当目标企业获得了资金支持，就更有信心和动力去进行企业创新研发，提升企业创新能力，最终形成一个良性循环。

二、企业融资结构的影响因素

学术界对企业融资结构的研究从莫迪利亚尼（Modigliani）和米勒（Miller）在 1963 年提出 MM 理论后就一直没有停过，经过几十年的发展已经有了较多的成果。通过对已有文献的梳理，发现企业在决定融资结构时，会综合考虑外部的宏观经济状况，尤其是宏观的经济政策，以及内部的经营条件。

关于宏观经济状况的研究，哈科巴斯（Hackbarth）等人研究发现经济状况比较好的时候，公司能借助良好的宏观经济积累资金，因此公司的现金流呈现宽松的状态，而宏观经济状况不好的时候企业也会面临现金流紧张，需要向外部寻找资金的支持。苏冬蔚和曾海舰在对上市企业数据进行分析时，发现企业选择债权融资还是股权融资的决策和宏观经济状况有很大关系。具体来说，当经济处于一个上行周期时，企业更喜欢通过发行股票进行融资。而当经济处于下行周期时，企业很难在资本市场上通过发行股票吸引投资者获得资金，因此企业转向债权融资。李海和邓柏冰发现以利率工具为代表的货币政策对企业资本结构的影响是不同的，这种差别主要是由于企业所在行业的不同，且差异产生的主要原因在于不同行业资产收益率、风险水平和对银行的依赖程度不同。张宇阳和科纳利·内田（Konari Uchida）也指出企业外部资本市场的融资环境受到信息不对称造成的逆向选择和道德风险的影响。

具体到银行贷款、股权融资等融资选择上，国内外学者也有比较细致的研究发现。李妍娜指出在我国的制度环境下，大多数的政策干预偏向于将资金流向大型国有企业，而中小企业由于信息不对称的影响从银行获得的资金较少，会产生银行贷款过度集中的问题。何熙琼发现银行在发放贷款时有政策倾向，相对于没有政策鼓励的企业来说，那些受到政策鼓励的企业在贷款的审批和发放上可以获得银行的业务倾斜，从银行获得更多的贷款。黎文靖通过研究 A 股上市公司 2001—2011 年的数据，发现了相反的结论，他的研究显示，由于民营企业在银行信贷上存在天然的劣势，因此国家政策支持会相应地向民营企业倾斜，保证市场的公平性，最后民营企业获得了更多的银行信贷。李隋、张腾文的研究发现宏观政策不影响企业的银行贷款量。宋全云研究发现银行的贷款成本和经济政策的稳定性有关，当企业面临较大的政策不确定性时，企业的贷款成本会增加，这种贷款成本的增加在向中小型银行申请贷款时体现得更加明显。何捷通过研究中央银行货币政策的松紧程度和企业的负债程度之间的关系，发现如果中央银行实施紧缩的货币政策，企业更多会选择集中负债。

在债券和股票融资方面，张梦云以 A 股全部上市公司 2005—2015 年的财务数据作样本，研究发现经济政策使企业的融资选择从银行贷款融资转向债权融资。陆正飞、叶康涛指出我国的上市企业，在出现资金不足或资金紧张时，主要通过在资本市场上发行股票来募集资金。于传荣认为股权融资水平在经济政策比较稳定时较高，而经济政策不稳定时投资者的投资欲望会降低，股权融资水平下降。赵卿研究产业政策对企业融资的影响，发现产业政策对企业债权融资的影响在期限上存在差别，对短期的债权融资影响不大，但是对长期的债权融资有显著的正向影响。

企业商业信用融资经过国内外学者的深入研究，被证实也会受到宏观经济政策的影响。有学者研究中国的金融体系，发现由于中国金融体系不健全而且企业的资金需求量很大，企业广泛使用商业信用融资补充资金。张新民和张婷婷指出在企业经营的过程中，企业内部和外部融资成本出现差异，企业融资受到约束是普遍存在的现象，此时很多的企业会借助商业信用融资，减轻企业生产经营过程中受到的限制。陆正飞和杨德明认为货币政策的松紧程度影响上市企业的商业信用规模，宽松的货币政策会使商业信用更加活跃。商业信用融资的另一个影响因素是企业当时所面临的外部经济政策的确定程度，陈胜蓝的研究结果显示，如果企业处在外部不确定程度比较高的时候，企业的上游供货商基于风险管理的角度，会减少对下游企业的商业信用规模，并缩短商业信用期限，处在下游的企业商业信用融资的规模会大大减少。

关于影响企业融资结构的内部因素，华纳（Warner）认为规模大的企业实力雄厚，经营更加稳健，具有更强的负债能力。优序融资理论认为如果一个企业有较强的盈利性，那么理性的企业管理者会选择更多地使用内部融资，而不是通过借债和发行股票来进行外部融资。自由现金流量假说认为如果企业拥有很多的盈余，它的自由现金流量也会很多，可能会出现损害企业利益的委托代理问题，此时企业如果发行债券，固定的利息支付会减少管理者可以使用的自由现金流，因此债权融资会减少管理者浪费资源的机会。对于成长机会的分析，罗琦的研究发现，如果一个企业未来通过开发新业务进行发展壮大的可能性比较低的时候，公司此时通过债权融资提高杠杆率，公司的市场价值会增加，相反的，如果公司未来发展的潜力非常大，公司最理智的选择是不再通过债权融资，而是选择股权融资，因为公司如果继续提高杠杆率的话，公司的市场价值反而会下降。此外，一些学者也从资产流动性、资产抵押性、企业财务风险、股利政策、高管背景等角度分析对企业融资结构的影响。

三、风险企业融资需求的预测方法

风险企业的融资需求一般来源于以下几个方面：在种子期，企业家需要筹集资金来使企业构思商品化；在创业期，企业家需要筹集资金设立企业和进行试生产；而到了扩张期，则需要资金来扩张产销能力，并进一步加强研究开发，这时的自我积累远远不够；至于风险企业成熟期融资，则主要是为了通过引入较具影响力的股东和美化财务报表，为公开上市做准备。

上述融资需求在量上的测算依据各不相同。种子期资金需求主要涵盖的是研究开发费用，预测起来比较简单，而创业期融资需求涵盖的主要是设备采购、厂房建设、人员招聘等开办费用，需求预测一般以创业项目可行性研究报告或同类已建成项目实际支出为依据，而成熟期融资需求更多的是取决于上市要求，目标值确定，不存在预测的问题。

（一）比率预测法

比率预测法是利用资金与销售之间的关系如存货周转率、应收账款周转率、资金毛利率等财务比率来对资金需求做出预测。运用比率预测法的一般步骤如下。

第一，将资产负债表中预计随销售变动而变动的项目分离出来，计算相关财务比率。

第二，确定单位销售增加引起的资金需求的增加量，再根据目标销售额确定需要增加的总的资金量。

第三，根据内部资金情况确定对外部资金的需求量。

（二）资金习性预测法

资金习性和成本习性一样，是根据资金和产销量之间的依存关系，将资金划分为不变资金、变动资金和半变动资金。不变资金是指在一定产销量范围内相对保持固定的资金，包括固定资产占用的资金等。变动资金则是随产销量变动而变动的资金,包括存货占用资金、现金、应收账款等。半变动资金则介于两者之间,虽然随产销量变动,但不是同比例变动。

运用资金习性预测法预测融资需求主要有两种做法:一是根据资金占用总额同产销量的关系来预测;二是先分项预测,然后再汇总预测。第一种预测方法是根据风险企业过去资金占用总额与产销量的关系,把资金划分为不变和变动两块,然后结合目标销售量来预测资金需求量。第二种预测方法是先分项目预测单个项目占用资金随销售增加变化情况,而后将单个项目不变资金和变动资金系数分别汇总得出总的不变资金和变动资金系数,从而对总的资金需求做出预测。

比率预测法和资金习性预测法适用于处于扩张期的风险企业对资金需求的预测。除此之外,还有一种不太精确的预测方法,那就是直接预测法。所谓直接预测法是指利用直观的材料,在个人主观判断基础上,借鉴相似企业相似决策结果,引进财务、项目或生产专家意见对未来资金需求所做的预测。直接预测通常适用于风险企业种子期或创业期的资金预测,因为这时风险企业没有历史资料可以使用,自然就没有决策依据。

第四节　融资风险评价原则与融资方式选择

一、融资风险评价原则

第一,全面性和可操作性。进行评价时,避免单一地审视问题,要把企业融资过程看成一个整体,遵循全面性原则,在大体上进行全局评价,在构建指标层次时,要符合重点突出、层次合理的导向,也要注意评价方法的可操作性,选取适合项目实际情况的方法,避免一味追求方法,而忽略了实际情况。

第二,科学性和客观性原则。运用科学的评价方法,对现实存在而非主观臆断的融资风险进行系统评价,以提高评价结果的准确性;在各项评价指标的选择上,要做到数量适当、质量达标,全面考虑各个因素对融资过程的影响。

第三,定性与定量相结合的原则。单一定性分析会带来主观性过强的缺点,单一定量分析要考虑数据准确性问题,所以,将定性和定量方法相结合较为完整。对项目融资风险的评价是一个综合的评价过程,既要采用定性分析来找出风险的深层原因,也要运用定量分析方法来进行客观数据的说明。

二、融资方式选择

（一）融资方式

1. 启动资金

有关资料表明早期或扩张期公司所需资金的一半以上都是由公司创建人以先前的薪水（Foregone Salary）和其他个人投资形式提供的。这就是所谓的"汗水股权"（Sweat Equity）。在很多时候，亲朋好友提供的资金加上企业的营运收益便足以使风险企业渡过最初的启动阶段。此外，如果可能的话，从顾客和战略合作伙伴那儿预收货款或研究开发款项也是另一条成本很低的替代股权融资的有效途径。

2. 私募

即由投资银行和其他投资代理机构向其授信投资人发行不注册登记的证券来为风险企业筹集股权资本。私募通常给现有股东造成权益稀释的程度比风险投资要小，但私募的费用一般比引入风险资本的费用要高，而且安排私募的时间长短和进度不太容易把握。此外，私人投资者一般不能提供商务方面的咨询顾问服务或提供的很少，私人投资者对被投资企业出现亏损或业绩表现欠佳一般也不能容忍。

3. 公募

能够上市进行公募的公司仍然是少数，对风险企业而言，上市公募最大的好处是公开市场一般会对风险企业有较高的估值，能够向企业提供足够的资本，并且具有流动性高的特点，但缺点是交易费用高，包括上市法律费用和信息披露费用。与公募相比，风险企业通常会倾向于选择由风险投资基金提供长期战略性资本以避开公开市场严格的信息披露要求和对企业短期经营业绩的关注。

与上述三种面向风险企业的融资方式相比，引入风险资本的主要好处有三个：第一，能够提供充足的资本并满足多轮资金需求；第二，不要求控投，控制权的稀释有一定限度；第三，风险投资人一般能提供增值服务，有利于提高企业竞争力。缺点是投资有一定期限并需要风险企业提供退出保证，在投资期内对风险企业财务结构和治理结构安排都有一定要求，同时需要企业家签署肯定盟约和否定盟约等，对企业家的约束较大。此外，获得风险资本的难度也很大。总之，创业企业家需要结合本企业的实际情况，将各种融资方式进行比较从而确定本企业是否需要引入风险资本。

（二）影响融资方式选择的因素

1. 融资风险的影响

融资风险具有多样性，融资成本高低、融资杠杆加持、融资规模大小、融资时机选择等因素都会带来不同的融资风险，这些影响因素会影响企业融资方式的选择。例如，加杠杆类融资方式就具有双面性，企业加杠杆融资给企业经营活动补充资金后所达到的利润水平如果高于杠杆资金成本水平，加杠杆融资对于企业发展起到的是推动作用，如果企业加杠杆融资为企业经营补充资金后的利润还不能覆盖杠杆资金成本，这无疑加剧了企业的债务负担，影响了企业到期债务还款能力，甚至会造成企业现金流断裂，阻碍企业的发展。所以，融资风险须考量两个层面，一个是企业融资可能会减少企业经营利润，另一个是融资可能会加剧企业债务负担并造成企业无力承担的后果。融资风险一经显现，借债人就要面对损失的局面。为了避免融资风险的发生，企业选择融资方式前要进行科学推演，降低融资成本，加强融资时机的掌控力度等，过度依赖贷款会增加资金链断裂的可能性，因此，企业应构架融资风险示警系统，合理科学化的融资规模与结构会对降低融资风险造成重大影响。

除此之外，有的学者指出，企业融资是金融市场的利润来源，金融市场的参与者应为企业融资保驾护航，规避企业融资过程中可能发生的风险，从长远考虑金融市场的可持续发展。企业应通盘考虑企业融资，对企业内部不同条线的融资统一控制风险，统一口径和标准进行融资，把所有融资方式和融资行为统一到一个资金盘子进行管控。融资方式不同对于企业融资后产生的风险不同，不同的融资产品对企业经营也存在着不同的潜在风险，根据企业的承受能力选择合适的融资方式而规避可能带来的重大风险对于企业来说是至关重要的。

2. 外部环境的影响

融资方式的选择和成本的变动也跟国家政策的制定和变化有关。国家调控经济的金融和货币政策会影响金融市场资金的变动，进而对企业发展和融资产生重大影响。比如中国人民银行实行紧缩性货币政策会造成资金充裕性和流动性改变，会加剧民营企业融资难度和提升融资成本。国家金融环境会影响企业融资成本的高低，而且影响因不同的地区发展水平和发展差异而不同。我国对于民营企业融资相配套的制度建设和法律法规不够完善，细分领域制度相对缺失，各地对于民营企业发展和民营企业融资的指导文件缺乏具体金融市场参与者的配套落实政策，制度设计的初衷没有在末端发挥实际作用或者与民营企业实际融资需求不相匹配。除了国家制度建设以外，民营企业与政府的关系也影响民营企业的发展和融资，并且会影响融资成本的高低，民营企业营造的政治关联关系对于民营企业获得贷款和资金也有关联关系。国内从宏观经济的角度，分析了上市公司融资成本的变化情况和外部环境变动的关联。国内的研究学者同样认为融资成本与政府制度及法律法规有关。企业对融资方式的了解程度和对企业的了解程度影响企业对融资方式的认知和选择。经济发展水平较差的区域，信息化程度相对较低，信息较为闭塞，在融资方式选择上相对集中在传统的融资方式上。国家金融政策的变化会引起整个资本市场的变化，影响企业已融资事项，也关乎企业将来融资方式选择的方向。政治关联的紧密程度等也会对企业融资方式和融资成本产生重大影响，有时候资源的影响力比资金更加影响企业未来发展。

3. 企业内部经营状况的影响

我国的民营企业许多都是家族企业，因此，家族因素是企业进行融资的重要影响因素之一，有的学者认为家族控制与债务融资之间的关系并不显著，也有学者基于代理成本理论，提出家族管理对民营企业的债务作用会对融资产生阻碍作用。较高的经营水平和管理方式会提高融资方式的准确性，企业经营效果也会检验和反映融资方式选择对企业经营产生的真实影响，通过对深圳证券交易所上市公司数据开展分析可以发现二者之间存在负相关的情况。

另外，企业内部管理者对于现代管理手段的运用和现代化管理水平及财务领导者对于融资的专业水平都会影响企业融资。高水平的管理者和专业的财务人员会及时掌握金融市场动态，对企业融资方式和市场情况比较熟悉，对于信息的灵敏度很高，会帮助企业更大规模和更低成本进行融资。

影响企业融资的内部因素是多种多样的，例如企业资产规模、资产质量、产品竞争力、发展方向、技术水平、企业的获利能力、企业形象等都会对企业融资产生影响。

企业内部影响因素也是根据企业经营发展变化而不断变化的，随着企业在不同发展阶段的经营情况，融资方式也是需要根据实际情况来进行变化调整的，以适应在变化中的金融市场进行融资。民营企业的内部状况相对于国有企业来说对融资方式的选择影响程度更大。在融资方式选择及企业融资过程中，企业管理层对于融资的监管水平越高，融资风险发生的概率就越小。

上市企业融资成本与企业管理层的独立程度、控股股东背景和规范程度存在负向关联关系。管理层适当独立会排除干扰并做出相对合理的融资判断，控股或者大股东具有较强的资金实力或重大背景，企业融资相对就更容易，融资成本更低。

企业的融资结构受公司治理水平的影响，公司的融资成本也受公司治理水平的影响。企业的高水平治理往往意味着企业发展经营较为规范，更容易获得资金方的信任。企业治理完善会影响企业发展的方方面面，治理完善的企业发展方向一般会更正确、企业员工的工作能力和凝聚力更强、产品技术含量和市场竞争能力更高。无论银行还是其他金融机构除了考量企业经营的硬性指标外，都会考虑企业的治理水平和完善程度，资金方有理由相信完善的企业具有更高的债务偿还能力和更好的未来发展前景。

第四章 企业风险投资的运作

全球经济发展日益繁荣,在这个背景下,风险投资行业也得到了迅速发展。经济全球化趋势使风险投资慢慢走向国际市场,发展风险投资行业不再只是发达国家的专属。本章分为风险投资运作的基本要素、风险投资运作程序、风险投资的投资策略和决策方法、风险投资运作的支持体系、风险投资管理五部分。主要内容包括:风险投资运作的主体、风险投资动作的客体等方面。

第一节 风险投资运作的基本要素

风险投资因其投资特殊性,使其筹资、投资、收益与一般传统投资存在明显的差别,而形成了自己特有的运作模式。该模式的运转,围绕着一个核心——风险资本(风险投资运作的客体);经历了三个过程——融资过程、投资过程和撤资过程;涉及三个直接参与者——风险资本投资者、风险投资机构和风险企业。风险资本投资者、风险投资机构和风险企业作为风险投资的主体,在风险投资运作中起着主要的作用。

一、风险投资运作的主体

风险投资运作主体是指风险投资的实际控制者和运作者,具体包括风险资本投资者、风险投资机构和风险企业。这三个主体涉及风险投资的各个方面,贯穿风险投资的始终,是风险投资的重要组成部分。其中,风险资本投资者是风险资本的来源,风险企业是风险资本的最终投向,风险投资机构是风险资本投资者与风险企业的纽带和桥梁,三者缺一不可。

(一)风险资本投资者

风险资本投资者(Venture Capital Investors)是风险资本的原始提供者。风险资本潜在的供给主体主要有：政府、大企业（包括上市公司）、金融机构、民间私人投资者、科研单位以及外国投资者等。这些潜在的供给主体能否成为有效的供给主体，要视各个国家的经济结构、制度环境和文化背景而定，所以不同国家风险资本的来源各不相同。

（二）风险投资机构

风险投资机构也就是风险投资公司（Venture Capital Firms），是具体运作和经营管理风险资本的组织。一般一家风险投资机构可能设立多个风险资本基金（Venture Capital Fund，简称风险基金），对不同的行业和领域进行投资。

风险投资机构是风险资本的经营者和管理者，是连接风险资本投资者与风险企业的桥梁和纽带，因为风险资本并非都是由风险资本投资者直接投资于风险企业的。风险投资的普遍运作模式是：风险资本→风险投资机构→风险企业。在这一模式中风险投资机构是风险资本从资本供给者（投资者）流向资本需求者（风险企业）的金融中介。

风险投资机构从愿意承担高风险的投资者手中融入风险资本，建立起一种与高新技术企业的资产经营特色相匹配的资金来源结构；然后为风险资本经营实行规范化、专业化的管理，发现和遴选投资机会，创造和安排风险资本与投资对象进行有效结合的机会，把所融入的风险资本投到精心选择的、具有高收益、高风险特性的高新技术项目（企业）上，解决了高新技术成果从实验室向正规生产转移过程中可能发生的资金断层问题。由于风险企业发展早期的一般优势在于技术能力，除缺少资本外还缺乏市场研究、生产规划、经营战略制定等方面的经营管理能力，而风险投资机构作为一个专业的投资公司，有着成熟的管理和市场开发经验，甚至还有技术资源，所以风险投资机构除了向风险企业投入创业资本以外，还会参与创业企业的经营管理活动，这是风险投资机构有别于其他金融机构最主要的区别。待时机成熟时，风险投资机构会从风险企业撤回增值后的资金，并继续投资于其他项目，以实现风险资本的滚动增值。所以风险投资机构集融资、投资、管理三项职能于一身，不仅是资本的供给者，还是为风险企业提供创意、市场战略制定、组织管理协调等技能的高附加值创造者。

（三）风险企业

风险企业是风险投资的接受者、需求方，也称为创业企业。风险企业往往是一个新技术、新发明、新思路的创造者或拥有者。它们在其发明、创新进行到一定程度时，会由于缺乏后续资金而寻求风险投资机构的帮助。风险企业在风险投资过程中的作用在于，它是风险投资的对象，是风险投资的载体，它提供能实现产业化的高新技术的创意和成果，在风险投资支持和促进下，实现成果的产业化，并最终通过市场机制的运作，使企业获得技术创新与成果产业化的经济回报。

二、风险投资运作的客体

风险投资运作的客体即风险资本（Venture Capital），是指投资于未上市的、快速成长并且具有很大升值潜力的新兴公司的一种资本。

风险资本是一种高风险与高收益机会并存的资本。高新技术企业与一般企业相比，具有独创性和开拓性，但也因此具有不成熟性和不稳定性，这就使高新技术企业具有很大的风险性。此外，由于风险资本市场中的企业多数是处于发育成长早期的新生企业，它与一般资本市场上规模较大、发育较成熟的企业相比，信息透明度较低。这种低信息透明度会带来投资决策和管理上较大的盲目性，因而增加了市场的风险性。但同时由风险资本支持而发展起来的公司成长速度远高于普通同类公司，通过将增值后的企业以上市、并购等形式出售，风险投资者也可能得到高额的投资回报。20世纪90年代，美国风险投资的年收益率达到28.4%。在互联网繁荣时期，风险投资的收益率曾高达54.5%。通常情况下，风险投资年收益率会达到30%以上。在美国，风险投资的回报率平均每年在35%以上。在欧洲，风险投资的年平均回报率也至少在20%。

风险资本在风险投资的运作过程中处于核心地位，风险投资主体的一切活动都围绕着风险资本展开。风险资本从投资者流向风险投资机构，经过风险投资机构的筛选决策，再流向风险企业。通常情况下，风险资本是通过购买股权、提供贷款或既购买股权又提供贷款的方式进入这些企业。通过风险企业的运作，资本得到增值，再流回至风险投资机构，由其将收益回馈给风险资本投资者，构成一个资金循环。

风险资本不仅把风险投资运作的筹资和投资过程顺畅有机地联系起来，而且使风险资本投资者、风险投资机构和风险企业成为紧密关联的利益整体，在风险资本市场运行的不同阶段发挥着各自不同的作用，使风险资本市场得以顺利运行。

第二节　风险投资运作程序

目前，我国的风险资本市场也日渐趋于成熟，风险投资机构也由之前的资金提供与管理一体逐渐分化，形成风险基金公司和风险投资管理公司。而在风险资本市场，资金的提供者和管理者往往都是风险投资机构，资金的需求者是创新型公司。风险投资机构在选定投资项目以后，首先会进行资金的筹集，然后对目标企业进行投资，在投后管理过程中通过参与目标企业的经营与管理以及给予资源帮扶等，将资金更多用于目标企业的技术创新活动，最终辅导目标企业上市，并退出目标企业，获取增值收益。风险投资运作主要包括以下四个阶段。

一、资金筹集阶段

资金筹集阶段是风险投资的第一个阶段。风险投资机构在筛选完投资项目后，会向各界筹集投资基金，而这一阶段最关键的因素有两个，一是风险投资机构以前的投资绩效和行业信誉，二是投资项目的质量和前景。我国风险投资主要通过公开募集和私人募集两种方式筹集资金。对于公开募集的项目，其他企业、个人、政府和境外资金都可以进入。其中，政府资金的进入是一个项目中的重点，如果投资项目中有政府资金进入，往往会向外界释放出积极的信号，代表此项目质量较好，政府扶持力度大，从而吸引更多的外部投资者进入。

二、投资决策阶段

投资决策阶段是风险投资机构对投资项目进行细化甄别、签署相关协议、投入资金的过程。这个阶段风险投资机构首先要对目前有的投资项目进行筛选，根据目标企业的创新能力、管理能力、发展前景、财务状况等综合考虑是否进行投资。如果决定对项目进行投资，则在投资决策过程中，风险投资机构要与目标企业就投资过程中的具体事项签署投资协议。这个过程更多的是一种博弈的过程，风险投资机构与目标企业在投资方案、持股比例、投资金额、股利分配形式、关键职务的分配、退出权益等一系列方案进行协商。

（一）项目收集

项目收集多采用三种方式。第一种是投资者主动收集，向风险企业提出投资申请，并提供相应的商务计划，大约1/4的风险投资机会是通过这种方式获取的。第二种是相关人员举荐，即通过其他风险资本家、银行或投资中介者（机构）推荐介绍。推荐者对公司投资标准的了解和本身的判断力使项目风险降低，更容易被接收。因此，在风险资本家获取的投资机会中，大约有50%是通过推介获取的。第三种为资金需求者自荐，由风险资本家主动搜寻潜在的投资机会。当风险资本家要选择自己投资的科技领域或为所投资的企业选择管理人员时，通常采用积极主动的搜寻方式。在这种情况下，风险投资家部分地充当了企业家的角色。

（二）项目筛选

选择风险投资的项目或企业，制定优化的投资方案是项目成功的关键，也是风险投资活动成败的关键。这就必须多渠道建立项目源，形成庞大的项目流。初步选定投资项目意向、拟定投资规模、确定投资行业及投资地点、制定投资计划是做好风险投资的基础，这要求风险投资机构充分掌握投资项目来源和数量，结合项目意向规模、投资行业、投资环境、地点地域、企业估值、风险评估等因素进行评估、对比筛选，进行取舍抉择，从中挑选出高质量的项目。

在项目筛选的过程中，也要综合考量地理位置、产业性质和投资规模等因素。

（三）项目评估

对经过筛选的项目库中备选的企业（项目）还需进行深入、复杂且耗时的专业评估。此过程由风险投资家或外请专家组成评估小组，深入调研备选企业和有关部门，进行尽职调查，对照备选企业的项目建议书并进行评估。

1. 尽职调查

尽职调查，又称审慎调查，即风险投资机构对经过筛选已入选的投资项目在确定投资前对企业现状、成功前景及其管理团队进行背景调查，包括团队背景、商业计划书的审查，产品市场的可行性调研分析等，主要侧重三个方面：一是组织结构、能力素质，包括个人素质、管理经验、知识技能水平和团队协作精神；二是市场和产品调研，包括市场前景、产品性能、科技含量、竞争优势和产品经营周期；三是企业财务、往期业绩评估、投资退出机制以及创业企业知识产权、资产契约责任、合同雇员劳动争议等系列相关法律事务。

尽职调查由于涉及的调查内容比较宽泛，和一般商业调查相比花费的时间较长，调查形式以询问企业或公司员工及管理人员为主，也可能涉及供应商、企业客户等，同时进行取证、现场考察评估、查看场地设备及计划报表等书面文件资料，采用的程序包括，会见所有管理层，考察组织管理能力，实地考察资产设施、投资结构、偿债能力、经营业绩、获利能力和现金流量，了解技术特性和销售盈利前景，会晤企业董事和主要股东，联络创业伙伴和前期投资者。通过详尽细致的调查研究，收集各类信息资料，判定调查信息的有效性和准确性，为进入下一个投资阶段的决策打好基础。

2. 专业评估

对初选项目的评价是风险投资运作过程中的重要步骤，也是提供项目决策依据的重要内容。它是在项目初选和尽职调查基础上对投资项目进行综合系统的分析论证，在人力资源有限、时间和信息不对称的情况下，对其各类指标体系进行筛选，从而为形成终选目标提供科学判定和投资依据的过程。如果要做到对每一个项目涉及因素和项目整体效应评估都十分精确无误，需要花费的时间长，投入的各类资源也比较多，操作起来难度相应也大。这就要求在投资项目指标体系设计中，依据项目特征，反映项目特点，尽量做到体系简单明了，紧抓项目指标的主要因素，在一定程度上忽略其次要方面，使其具有现实可操作性。项目指标体系的设计应遵循科学前瞻、特色明晰、定性与定量有机结合的原则。

风险投资机构在项目评价和初步决策时，应合理安排人力、财力、物力资源，避免资源浪费，高标准、高时效筛选出具有高增长潜力的优质项目，所以，提高效率是风险投资运作各个环节都不容忽视的问题。

（四）签订契约

进入到签订契约阶段往往意味着风险企业已经符合投资者要求，得到了投资者认可，双方对各项条件也满意，这也是投资决策最后阶段。

三、风险投资管理阶段

风险投资管理是指投资机构与创业企业签订投资协议后，风险投资机构为企业提供的增值服务和监督管理，其突出特点是管理的是风险企业，管理重点是策略和战略，管理方式是间接的，管理目的是实现资本升值，其侧重点是投资战略规划、人际关系协调沟通、网络等社会资源的利用和对投资风险的宏观控制，作用是帮助企业降低风险指数，实现企业并购或公开上市，最终实现风险资本的增值。

（一）风险管理计划

风险管理计划的制订被认为是风险管理过程中最重要的活动之一，在此阶段中，详细描述了风险管理团队需要完成的操作，包括定义和安排观察、评估和记录与项目相关的风险因素所需的所有活动和程序，此步骤的结果称为风险管理计划，该计划包括：更新项目风险管理策略，找出实施风险管理策略的最有效方法，并提名合适的各方来完成工作。

为了制订成功的风险管理计划，除了项目绩效标准、成本计划和进度表之外，还必须通过项目工作分解结构（WBS）收集足够的数据。在类似的已实现项目中，还必须存在先前的有效策略。风险管理计划活动可以归纳为以下内容：确定合适的风险管理团队、确定研讨会的类型和期限、建立风险交流方法、根据项目特征确定风险识别方法、确定风险评估的级别、安排风险评估的时间活动。

（二）风险识别

风险识别是检测影响项目目标的风险因素的重要步骤，未能识别任何风险因素将导致整个流程执行不力，进而严重影响组织的资源。风险识别也被认为是构建所有风险概况的重要步骤。

风险识别分为两个阶段：每一个阶段是初始识别阶段，通常由尚未以结构化方式识别其风险因素的公司或新公司（项目）进行；第二个阶段是持续的风险识别阶段，旨在识别从未发生过的新风险因素。风险识别、分类和风险分解结构有助于全面识别风险。

（三）风险分析

风险分析是基于风险因素的重要性，定义、分析和排序风险因素的过程。风险分析的目的是清楚地了解投资项目风险情况和后果，然后基于确定的风险管理策略根据优先级对风险进行分类。风险分析旨在了解每种风险的重要性以及所需的适当管理路径。分析方法的选择主要取决于风险级别、管理经验和项目级别。

（四）风险影响预测

这一阶段包括开发一个基于人工神经网络（ANN）的风险影响预测模型，该模型可以预测各个风险因素对项目成本和进度的影响。拉扎雷夫斯卡（Lazarevska）等人认为，人工神经网络是一种计算机制，可以分析、处理从数值分析或实验中获得的数据。人工神经网络已有效地应用于成本估算和施工计划，可以成功地用于解决建筑工程和管理领域的成本估算，决策制定、优化和进度预测等问题。

（五）风险响应

风险管理过程中最重要的阶段是风险响应阶段，在此阶段会对风险事件做出决策，制订以最有效、适当和安全的方式管理某一风险的策略。风险响应行动取决于风险的类型是下行风险（负风险）还是上行风险（机会）。然而，风险响应阶段几乎是项目风险管理中最被忽视的一部分。文献调查显示，对风险与风险响应行动之间的关系的研究有限。以往关于风险响应行动的大部分工作，都侧重于人力资源、经验和态度因素及其与二元变量的关系。因此，可以利用引力搜索算法（GSA）选择最优风险响应策略的数学模型，建立一个考虑风险之间的相互作用和响应行动之间的关系的数学模型，以选择一个有效和高效的响应行动。模型中的目标函数是通过考虑时间和成本约束来最小化响应行动的实现成本。

（六）投后管理

监督方面，主要因为风险投资机构与目标企业存在较为明显的委托代理关系，因此，作为委托人的风险投资机构需要对作为代理人的目标企业进行监督，以保证目标企业在资金使用过程中按照投资决策时签订的投资协议进行投资，防止目标企业的资金使用背离风险投资的投资意愿。而风险投资机构的监督行为也会因为自身的特点与投资策略不同而不同。有效的监督能够更好地促进项目的发展，降低投融资双方的风险。但是，过于严格的监督行为也会对风险投资产生不利的影响，一方面，过于频繁的监督会增加风险投资的投资成本；另一方面，过度的监督会让目标企业与风险投资机构之间产生隔阂，不利于两者之间良好的信息沟通。

管理方面，因为风险投资行为是股权投资行为，风险投资机构往往会在目标企业的决策中占有一定的地位。目标企业在创新能力方面强于风险投资机构，但是在管理方面往往缺乏经验。因此，为了帮助目标企业能够更好地进行研发和经营活动，风险投资机构会利用自身丰富的管理经验对目标企业进行一定的指导。风险投资的进入对目标企业的长期战略决策起着关键的作用。风险投资机构会通过参与其经营决策活动，帮助其改善自身的人力资源配置等方式，加强目标企业的经营管理。

辅导方面，风险投资机构拥有较为广泛的资源，因此风险投资机构为了让目标企业可以更好地发展，会将自己拥有的资源向目标企业倾斜，包括为创业企业提供行业信息，帮助目标企业获得其他外部融资，与目标企业共享其社会关系等方式。

四、风险投资退出阶段

风险投资机构以追求高额利润为目的，风险资本大多流动于高新技术产业，运行到一定阶段，资金就会转化为资产，因而高回报与高风险并存。风险资本退出的主要原因：一是企业利润发生变化后，以高新技术产业为主要投资目标的风险投资机构不满足于目前的常规利润，需保持资金流动，释放风险，寻找新的项目，追逐新一轮更高利润、高回报；二是被投资企业技术管理趋于成熟，企业积累了一定的有形资产和负债能力，要实现规模生产和产业化经营需要扩充投资资金，风险资本高昂的融资成本相对于银行贷款已不再是最优选择。所以，企业选择离开风险资本市场，公开发行证券转向银行融资或寻求兼并。风险投资机构和投资家适时选择退出是风险资本进行下一轮循环的重要环节和关键因素，有效的退出机制既能实现投资收益，补偿投资风险，又能不断挖掘新领域、新技术、新产品、新市场，实现投资活动的风险性、收益性和风险资本流动性高度的辩证统一。

（一）首次公开募股

这主要指通过所投企业的上市发行，风险投资机构出售其大部分股份，来实现退出增值。IPO是风险资本退出的主要途径，借助这一手段，能使风险投资机构通过证券市场使风险资本安全退出并获取高额回报，这也是最常用的一种办法。但机会只有一次，只是在急需大量资金的情况下才会采用。首次公开募股是资本退出成功与否的关键所在，须选择最佳的时机。选择投资银行或承销商、注册、谈判、销售等步骤较为复杂，阶段性周期较长，发行成功需满足投资银行、证券交易委员会、股票交易所、证券监管部门及券商等有关机构的要求。公开募股虽然回报利益巨大，但费用繁多，且数额大，主要有：承销费用，专业顾问费用，法律、会计、印刷、注册费用和为扩大知名度而进行的宣传等隐藏的后续费用。

（二）股份回购

股份回购是风险资本退出的另一种主要途径，股份回购指创业企业或创业家个人采取现金、票据等支付形式，亦可采取建立员工持股基金，按照投资双方签订的回购协议条款买断风险投资机构持有的原始创业股份，并将回购股票加以注销的一种方法，但必须满足一定的回购条件。由于股票上市退出方式对创业企业要求高，退出时间长，成本高，企业已经克服了技术风险和市场风险，这种退出方式存在一定难度。很多风险投资机构在风险投资不成功的时候会选择股份回购的方式退出，这实际上是一种自我保护和对投资资本的保护。实施股份回购应满足以下前提条件：首先，在引入风险投资时，投资者与被投资者在一段时间后签订股权回购协议，其中涉及列出资产和权益的所有权、资产和负债证明文件以及未来的收回和回购协议；其次，创业公司的经营状况并不是那么糟糕，它有足够的实力来支付回收股票的资金。股份回购可以分为两种类型：企业股份回购和企业家股份回购。这取决于风险资本的吸引力。大多数风险投资家把它作为一种备份，当创业受阻或失败时，可以保证投资资金的安全，可以说是一种投资安全措施。股票价格一般由市盈率定价法、销售预估税后收益定价法、销售倍数定价法确定。股份回购由于其独特的属性，只涉及风险企业和风险投资机构，因此产权相对清晰，操作相对简单，近年来，它已被广泛应用于许多风险投资领域和投资企业。

（三）并购

并购即兼并收购，就是某公司通过产权交易取得其他企业的资产所有权和经营管理控制权，从而实现经济目标的行为。兼并收购在风险投资退出中的比率已经超过了 IPO 方式。兼并收购的优越性在于，风险投资机构不仅可以收回投资，达到退出创业企业的目的，而且创业企业收回了投资并实现其高额投资利润。这种方式在经营较为成功的创业企业居多。

兼并收购的主要形式有横向兼并、纵向兼并和混合兼并三种类型。横向兼并可获取对竞争对手的所有权、控制权和合法的垄断地位；纵向兼并利于生产经营业务深度或广度的扩展，实现产业一体化；混合兼并可以分散企业行业单一带来的风险，提高经营环境的应变能力。兼并收购方案应交由创业企业董事会决议并股东大会通过，形成并购协议并进行产权变更登记。其实现手段为现金支付并购、票据支付并购和以股票（上市和未上市）形式并购。现金支付并购最简单、最直接、最方便，票据支付并购从税负延后考虑虽利于卖方，但风险极大，出现闪失票据就会成为一文不值的废纸。兼并收购以其直接现实、完全彻底、灵活多样等特性可作为次佳备选方案为风险投资的顺利退出提供广阔的市场空间，因而具有较大的吸引力。

（四）清算

清算就是资金清理，收回投资。当企业经营不佳时，为避免资金更大损失而尽可能地收回部分投资。这在企业萌芽阶段或是不成熟甚至不成功的创业阶段较为常见。由于企业风险投资有相当一部分是不成功的，一旦出现投资与回报达不到预期盈利目的，就应快刀斩乱麻，及时果断抽身撤出，否则损失更大，即使收回投资较少,也能做到降低风险、减少损失、避免资金沉淀和成本增加,所以,清算是风险投资退出必不可少的渠道和路径。

创业企业的资金清算不拘泥于单一的清算方式,一般采用普通清算。普通清算是企业董事会或企业管理机构自行组织的清算,只是在普通清算中发现企业资不抵债的情况下转为破产清算。无法组织自行清算时可能变为特别清算直至破产清算。清算必须遵从《中华人民共和国公司法》规定,由清算委员会或清算组具体操作执行。违背《中华人民共和国公司法》及相关企业经营条例规范的,由人民法院指定清算委员会、聘请注册会计师或律师,委派专业人员进行监督,停止企业业务活动,接管企业内部事务,清理企业资产,对企业债权债务进行登记,并通知债权债务人现场进行清算,同时,清理处置清算费用、职工工资福利、欠缴税款等,最后形成清算报告,报送股东大会和企业登记机关,申请注销登记并吊销企业执照。其意义在于,避免风险投资对没有前途的企业投资规模过大或数量过多而侵蚀创业资本;同时,风险投资家也能在众多的高风险项目中积累和吸取的经验教训,寻求更加具有投资前景的市场机会。

第三节 风险投资的投资策略和决策方法

一、投资策略

(一)专业化与多元化投资策略

专业化投资策略是指将资金投入个别行业和地区的风险投资机构,以了解当地投资所带来的价值和成本。而多元化投资,是相对于专业化投资来说的概念,指的是企业跨行业投资,投资方向超出了一个行业或一个产品品种的范围,而涉足于多个行业或多个产品品种的一种投资模式。多元化投资策略是企业为扩大业务范围、占据资本市场而制定的业务组合策略,对企业的经营成果起到很大作用。随着市场体系的不断完善,多元化投资是很多企业增强自身竞争力的不错选择。由此可见,一方面,我们可以通过多元化投资策略的方式提高绩效,从而显著提高产能指数;另一方面,可以通过风险投资机构的投资获取丰富的经验和技巧,进而找到盈利的投资项目。

（二）联合投资策略

首先，联合风险投资提供了一种在交易基础上分担风险的方法，拜格雷夫（Bygrave）发现通过联合风险投资，原本由单个风险投资机构承担的风险现在由多家风险投资机构共同承担，使得单个风险投资机构承受的风险降低，由于联合风险投资活动使得风险投资机构实现了风险共担，风险投资机构的投资范围也得以扩大；其次，企业的资源基础是由企业特有的资产或其控制的资产组成的，霍普（Hopp）以1995—2005年德国风险投资事件为样本，多次研究发现风险投资机构之间通过联合风险投资活动，能够实现机构间的资源共享，进而弥补自身的资源不足，布布纳（Bubna）等基于复杂网络理论，从社区角度进行研究，发现社区内部风险投资机构常进行联合风险投资，因为社区内的风险投资机构具有多样化资源，通过资源共享，能够弥补自身资源单一特性，从而扩大投资范围；最后，联合风险投资可以提供企业对增加的交易流的访问，洛基特（Lockett）和沃里（Wrigh）认为对风险投资机构而言，重要的是能够在竞争中获得尽可能多的交易，这样它们就可能从大量的交易中进行投资选择，同时基于交易流动机制进行的联合风险投资活动也能使投资过程中的风险降低。

（三）分阶段投资策略

分阶段投资通常是与风险企业达成的初步协议，一旦达到效率目标，就立即启动下一阶段的投资。这种投资可以及时收回，在一定程度上可以减少投资损失。因此强调，如果监管人员数量多，投资资金高，可以采用分阶段投资策略来降低成本。同样，如果监控成本较低，风险投资机构可以决定减少投资步骤，从而降低投资成本。严有明提出，分阶段投资发展企业，可以有效避免初始资本被稀释。对于发展前景不乐观的企业，风险投资机构可以通过阶段性投资来限制企业行为，减少企业信息不对称的负面影响。雷（Ray）和达伊亚（Dahia）还发现，分阶段投资策略可以帮助相关机构快速找到可以投资的项目，逐步进行投资，并及时从收益不佳的项目中撤出投资。但这种分阶段投资策略也存在回报低的缺点。

二、决策方法

（一）德尔菲法

德尔菲法的主要步骤有以下几点。①成立专门预测机构——专家小组。首先考察专家个人素质，确定专家人选，要求小组成员互不知晓对方姓名、身份，专家之间无联系关系。成员数量以调查课题的规模而定，以 20 人为限。②提供项目资料，搜集项目意见。调查人通过问卷形式向小组成员搜集意见，对有质疑的事项书面答复。③专家背对背分别发表自己意见并陈述缘由依据。④对搜集的意见进行统计、回收、整理和分析，意见一致时则调查结束。

但运用德尔菲法进行综合评估调查，一次调查很难取得一致意见，往往需要多次反复。如果发现专家的意见不一致，那么再将整理后的相关资料分发给各位小组成员，使其作以对比，然后参照其他人员意见，重新发表自己的意见。整理的原则是集中参考多数意见。这个问卷过程也可能多次循环往复，直到所有成员之间的意见达成一致。调查人最后将所有资料进行整理，并得出最终结论。专家身份及个人素质的严格把握和匿名调查方式保证了调查的真实性和客观性，排除了因专家声望等主观因素对调查结论的影响。

（二）主成分分析法

主成分分析法是指用少量的主成分代表众多的指标变量并提取权向量，从中提供具有关联的主干部分，利用数学变换方法进行目标归类分析，最后按方差依次递减的顺序排列。

主成分分析法步骤：

设 $X = (X_1, X_2, \cdots, X_P)$，$T$ 是 P 维随机向量，把向量标准化得 X，

计算向量 X 的协方差矩阵 R；

求出矩阵 R 的所有的非零特征值（设有 k 个）；

求出这 k 个特征根 $\lambda_1, \lambda_2, \cdots, \lambda_k$ 相应的 k 个特征向量，并将其单位化，得到单位化特征向量 $a_1, a_2, ..., a_k$；

取 $r_1 = a_1^T X, r_2 = a_2^T X, \cdots, r_k = a_k^T X$，即得第一个主成分，第二个主成分，……，第 k 个主成分，而且 $r_1, r_2, \cdots, r_k$ 互不相关。

（三）实物期权定价法

把期权定价方式运用到风险投资项目选择上来，所运用的公式如下：

$ENPV = NPV + OP$

$ENPV$——项目的真实价值

NPV——项目的内在价值

OP——项目的期权溢酬

$$NPV(t) = \frac{F_1}{1+r} + \frac{F_2}{(1+r)^2} + \ldots + \frac{F_T}{(1+r)^T} - I_0 = \sum_{t=1}^{T} F(t) \cdot (1+r)^{-t} - I_0$$

（四）模糊综合评判法

模糊综合评判法是对受多种因素影响的事物所做的全面客观评价，把所确定评价的因素指标通过评价标准对其所处的好坏程度进行评价，进而建立模糊集得出综合评价结果，从而在备选项目中筛选出最优项目。

（五）层次分析法

20世纪70年代，美国著名的运筹学家萨蒂提出层次分析法（AHP），层次分析法的核心是把定性分析和定量分析相结合，进行综合评价，目前不仅广泛运用在风险投资领域，而且也被当作一个常规的评估及决策分析工具应用于其他领域。其基本思路是把影响项目的各种因素分层次列举，再将同一层次的指标两两比较，确定出本层次的指标在上一层次的指标中所占的权重。利用这种方法进行项目决策，首先要建立主要指标分层次指标体系，界定各指标间的关系，然后对同一个层次中的影响指标通过对专家进行问卷调查的方式评价程序对比各指标之间的重要程度，依照调查的结果建立相应的判断矩阵，通过对判断矩阵的处理，确定指标权重，最终按重要性确定各指标的整体排序。

通常，运用层次分析法进行决策分析时有四个步骤：①建立系统的递阶层次结构；②构造两两比较判断矩阵；③计算权重向量并做一致性检验；④计算合成权重，求出总排序。

第四节　风险投资运作的支持体系

风险投资运作的支持体系指的是支持风险投资健康发展的相关因素和内外部环境，包括政策环境、中介服务体系、人才支持体系、文化支持体系和金融生态环境等多方面支持要素。风险投资支持体系的各要素构成一个有机的整体，各支持要素之间存在着相互作用、影响、制约的协同关系，某一种支持要素的改变或缺乏都会影响其他要素作用的发挥，从而影响整个风险投资发展的方向和进程。

一、政策环境

近年来，我国的经济体量发展迅猛，随着市场化的加强和风险投资业迅速崛起的实际需求，政府已经发布了一系列相关的财税政策，希望能够促进风险投资的发展，税收优惠是其中最重要的手段之一，但是其对风险投资的激励作用尚未完全发挥，鉴于与该行业快速扩张相关的实际需求，目前的税收激励政策并不能满足现实情况。因此，通过考察财税政策对风险投资的影响，并根据具体的实际情况进一步优化政府针对风险投资业设计的财税政策，是当务之急。

由于风险投资对科学技术转化为生产力具有很强的推动力，在世界范围内各个国家都在利用相关财税政策来促进风险投资规模壮大。财税政策是财政政策和税收政策的总称，可以从中体现政府的经济导向意图，一般来说，税收是政府收入，财政政策指政府各部的支出。税收政策和财政政策表示着宏观经济中收入和支出的两个方面。税收对企业而言是支出项，对政府来说是收入的组成部分，因此可以通过降低税收来减轻企业的经营负担，从而增加企业的利润；财政政策则是政府的支出，它在改善企业的经营环境，进行产业引导方面发挥着重要作用。

一般来说，财政政策有预算投资政策、财政补贴政策和国家债务政策等，税收政策的内容有税收减免、税率税制调整、税收抵免、税收优惠（退税、损失赔偿等）和其他措施。在发展风险投资的过程中，政府不仅要制定积极的税收和财政政策来引导和刺激风险投资业的向好，还要确保营造刺激风险投资向好的外部环境。傅巧灵和章彰针对政府提出了五种支持风险投资的方法：直接融资、公共担保、税收激励、投资者控制和政府采购。

从不同的标准出发，国内外学者对财税政策的分类结果也不相同。参照高正平的分类方法，根据财税支持政策的直接作用施加对象，可将其分为直接激励风险投资发展的政策和间接激励风险投资发展的政策。直接激励风险投资发展的财税政策是指直接面向风险投资机构的财税政策，包含税收优惠政策、引导基金和财政性风险资本投入三个方面；间接激励风险投资发展的财税政策是指主要通过对风险投资的对象——创新企业提供支持的财税政策。

对于直接激励风险投资发展的财税政策，勒纳（Lerner）和冈珀斯（Gompers）发现调整资本利得税的税率将会明显作用于风险投资机构的募资金额，也会对其回报率造成影响。克拉里斯（Clarysse）对英国、美国和以色列等国的分析发现，政府引导基金能够帮助高新技术企业进行融资，从而在某种程度上缓解市场失灵。对于间接激励风险投资发展的财税政策，杨志宏和邓子基的研究表明，税收减免和财政支持（R&D补贴）对不同阶段的被投企业产生不同的影响，从而对风险投资业产生了不同的影响。高铁梅等人的实证研究表明，税收减免和财政优惠可以显著优化高新技术产业结构，提高高新技术产业产值，而且财政支持对产值提升的影响更加明显，税收优惠政策对产业的结构调整的影响更大。

税收政策指的是："政府为了实现一定时期的社会或者经济目标，通过采取一定的税收政策措施，对市场经济主体以强制性刺激来调整其物质利益，从而在某些程度上干预市场机制运行的一种经济活动及其准则。"制定税收政策，对于税收制度的整体布局及结构的确立，和各个税种的税率、税目等基本要素的落实均至关重要。对于税收政策不明确、不正确，会引起税收制度建立和改革的偏差，对经济发展产生负面影响。

税收优惠是在政府机构对于科技型企业一种变相的财政投入，是政府机构让渡部分税收收入给科技型企业，降低了科技型企业的研发成本，使得科技型企业的研发投入进一步增加。科技型企业的研发目的在于获取巨额的技术垄断利润，但是与此同时科技型企业也将承担因研发失败所造成的损失。政府机构的税收优惠政策可以使得科技型企业与政府机构之间形成风险共担机制，诱导科技型企业进一步加大研发费用的投入，当科技型企业的研发投入的收益与政府机构的税收优惠补偿之和大于科技型企业研发投入成本时，科技型企业会加大自身的研发投入。

税收对经济的影响是广泛的，是政府调控宏观经济的有效途径。制定税收政策的出发点不仅要有助于调控宏观经济总量，还要有助于多种类型的经营方式之间的竞争公正以及促进发展。合理恰当的税收政策可以为企业减轻税收负担，增加其投资回报，引导资金向更多的高新技术企业流动，促进科技创新，进而促进企业的良性发展。

税收政策促进风险投资发展主要体现在两个方面：一是能够使创业企业的税负下降，提高企业的投资回报，进而引导企业将更多的资金流向科技研发活动；二是引导社会更多地关注科技创新领域，显示国家对风险投资发展的支持与鼓励，进而在创新领域汇集更多的资源。

在开展风险投资管理工作的过程中，能够对企业的相关行为起到规范的最主要途径就是法律法规制度的规定。而由于我国各个地区的经济发展状况不同，不同的企业也存在着一定的发展差距，统一的金融行业标准的制定也能够有效保证我国金融市场以及经济市场的发展秩序。

具体来说，在健全和完善我国现有的风险投资管理法律法规的过程中，首先要针对现阶段我国企业在开展风险投资活动中存在的违规行为以及不符合行业发展规定的行为做出更加明确的规定。这样不仅能够在一定程度上对金融从业人员的相关行为进行有效的约束和规范，还能够通过法律法规的强制性手段来保障中小企业的经济利益。在现阶段我国社会主义市场经济的发展过程中，保障中小企业的利益不仅能够促进这些企业的发展，还能够让我国的经济市场和金融市场呈现出多元化发展的趋势。

二、中介服务体系

风险投资的中介机构是指沟通和联结风险投资机构与风险企业，并为其提供融投资中介服务的专业性服务机构，主要通过运用各种专业工具与技术手段，为融投资双方提供高水平的财务、法律咨询与投资顾问等风险投资过程中所涉及的专业性服务。

风险投资的发展离不开中介服务体系的支持。中介服务体系在风险投资过程存在的必要性在于：首先，随着风险投资业市场规模的扩大和发展成熟，与风险投资相关的一些专业性很强的外围业务，如资产变动、产权交易等，逐渐从风险投资的专项业务中分离出来，从而形成对社会中介服务的市场需求，这些中介机构的产生，既促进了社会服务体系结构的完善和发展，又提高了风险投资业的运行效率和资源配置效率；其次，风险投资中介机构在风险投资各参与主体间牵线搭桥，促使其进行有效的沟通，从专业分工的角度提供优质的服务，提高工作效率和交易的公正性；最后，中介机构通过专业化的操作，可为风险投资的评估、决策和风险企业的经营提供良好的支持，弥补投资者和创业者在技术、管理、法律或战略等方面知识与能力的不足。

（一）中介机构的类型和作用

风险投资机构在正式投资风险企业之前，有大量的工作要做，包括行业调研、企业考察、尽职调查、资产评估等各方面的工作。从科学与效率的角度上考虑，风险投资机构往往需要聘请相关的专业性中介机构进行相关方面的专业性服务。具体来说，与风险投资相关的主要中介机构有投资银行、会计师事务所、资产评估机构、项目评估机构、律师事务所等。

1. 投资银行

投资银行是指从事证券承销、并购重组、基金管理等资本市场业务的金融机构。发展初期，风险投资是投资银行业务的一个重要部分，风险投资机构是投资银行的一个业务部门或者是一个附属机构。随着不断发展，风险投资作为一项专门投资的独立性越来越强；投资银行作为风险资本市场上金融服务中介的角色也不断加强，而作为风险投资的直接投资者和风险资本的供应者角色日趋淡化。如在美国，到2000年年底，在风险资本的来源中，投资银行所投资的风险资本份额在总风险资本份额中的比例不到5%。目前，风险投资的主体是一些专业风险投资机构，尽管有些专业风险投资机构还隶属某个大型投资银行，但它们自身是一个独立核算和自主经营的实体，专业从事与投资银行业务相分离的风险投资业务。

虽然专业风险投资机构独立于投资银行，但投资银行仍在风险投资中起着重要的作用。概括起来，投资银行为风险投资提供的主要服务如下。

（1）担当风险投资的融资中介

一方面，投资银行作为风险投资机构的筹资代理人，为风险投资筹集风险资本。在发达的风险资本市场中，风险资本主要是从私人资金和资本市场中筹集，而风险投资筹资者与投资者之间，在信息交流和沟通上往往不够顺畅且效率不高，投资者不熟悉筹资者的能力，筹资者也很难用全部的精力与潜在的投资者进行直接接触，而专业的投资银行往往为投资者和筹资者所了解，因此投资银行作为第三方，在投资者与筹资者之间发挥了代理人的角色，提高了工作效率。另一方面，投资银行为投资者提供投资咨询，负责为投资者特别是机构投资者评估和推荐风险投资机构，同时也为风险投资机构推荐和评估有发展潜力的风险企业，以供风险投资机构进行投资选择。

（2）担当风险投资的退出中介

风险投资是一种周期性投资，追求的是一种股权增值收益，要获得这种增值收益，就必须在适当的时机，出让风险企业的股权。而出让股权交易是投资银行的强项，特别是上市流通更需要投资银行在证券设计、证券发行、证券承销、股票定价等方面提供专业化服务。

（3）提供融资服务

有些风险投资机构在对风险企业进行投资时，也吸引投资银行作为战略投资者进入风险企业，这一方面为风险企业提供多渠道融资，另一方面为风险投资在退出时，借助投资银行证券发行的优势，为风险企业股权上市流通提供便利。

（4）为融投资双方设计创新的金融工具

风险投资机构或者风险企业在风险投资过程中，为了防范和规避风险，常常会利用一些金融工具起辅助作用，如设计可转换债券、认股权证等，而这些都必须借助于投资银行来完成。

2. 会计师事务所

会计师事务所是风险投资过程中聘请的对风险企业进行审计和财务调查服务的专业性机构。会计师事务所在风险投资过程中的作用主要是对风险企业进行财务分析和财务审计。财务审计和财务分析主要是对企业的资产、负债、现金流等方面的财务状况进行确认，以反映企业真实的财务状况，为风险投资决策提供财务依据。会计师事务所有时也根据风险投资机构的要求对风险企业进行尽职调查。尽职调查也叫责任调查，是指对企业现状、产品技术、发展前景及其管理层所做的详细考察和分析，分析其各个方面存在的优势和不足，为风险投资机构全面准确地了解风险企业提供帮助。

3. 资产评估机构

在对风险企业进行投资时，要对风险企业的资产规模进行评估，以便能合理确定各方的权益，特别是高新技术企业，有形资产相对较少，而技术、专利等无形资产就显得更为重要。而无形资产只有通过专业资产评估机构才能加以确定。此外，在风险投资过程中，企业的价值往往不是有形资产和无形资产价值的简单相加，更不能只以财务报表上的净资产或所有者权益来判断企业的价值，而需要从整体上把握才能使双方的利益得到保证。所以，在风险投资过程中，往往要聘请专业的资产评估机构对风险企业的资产进行评估，为融投资双方提供比较准确和真实的投资价值分析，为双方进行企业股权分配提供参考依据。

4. 项目评估机构

风险企业所采用的技术和生产的产品往往是新技术和新产品，对其发展趋势、成熟性、应用性都必须依靠相关专家才能得出正确的结论，所以聘请相关行业的专业评估机构才能对项目进行正确评估。风险投资机构有可能直接聘请已成立的项目评估机构，也可能聘请相关专家组成项目评估小组，其目的是对风险企业技术和产品的市场前景，做出科学的判断，为风险投资提供决策依据。

5. 律师事务所

律师事务所是在风险投资过程中为融投资双方提供法律咨询的中介机构，在公司设立、股权转让、资产过户、签订协议等方面帮助起草法律文件。律师事务所在风险投资过程中，甚至是风险投资完成后都充当法律顾问，帮助融投资双方解决相关法律问题。风险投资过程中会涉及一系列法律问题，律师在风险投资过程中就显得特别重要，其具体作用如下。

（1）制定法律意见书

在较大规模的风险投资项目中，风险企业和风险投资机构均会要求律师制定法律意见书，作为投资项目赖以进行的基础性文件。法律意见书的内容通常包括：风险企业成立的合法性和存在的有效性、经营业务的合法性、引进风险资本及股权结构安排的合法性、融资文件及协议签署的有效性、已取得或应取得的相关政府部门的审批、投资协议的有效性及可履行性、风险企业现有的或可能发生的诉讼或仲裁案件、投资协议与风险企业原有对外协议间的矛盾等。如果涉及专利或著作权等知识产权，还应就这些权利的合法性及完整性出具意见，甚至要请知识产权律师出具专业意见。

（2）协助风险投资退出

在风险投资中，不论是成功还是失败，退出是必不可少的环节。成功的风险投资，退出时才能真正实现其资本增值；对于失败的投资来说，退出可以收回部分投资本金，减少损失。风险投资退出的基本方式有多种，不论以哪一种方式退出，律师在退出过程中都责任重大，无论是首次公开募股，还是清算，都必须由律师协助完成。

除了上述几种中介机构外，根据实际需要，风险投资可能还会有融资担保机构、标准认证机构、行业协会等不同程度地参与。

（二）中介机构与风险投资的关系

在风险投资过程中，中介机构与风险投资的融投资双方既有联系又有区别。它们之间的联系在于中介机构为融投资双方起到纽带和桥梁的作用，为融投资双方合作提供中介服务；它们的区别在于，中介机构是只提供相关的专业化服务，既不和风险投资机构一起对风险企业进行投资，也不参与风险企业的经营管理，更不获得风险企业的股权，双方合作成功与否，投资成功与否，与中介机构没有直接的关系，中介机构完全是为获得中介费用而提供专业性服务。但也并不是说中介机构与风险投资毫无关系，中介机构的服务质量直接影响着风险投资的进程和成败，也关系到融投资双方的利益。所以中介机构应当以公平、公正、公开的原则对融投资双方负责。因此在风险投资过程中，选择中介机构也很重要。

三、人才支持体系

风险投资项目成功的关键在于相关人才的引进和培养，风险投资的发展水平和风险投资管理人员的水平息息相关，风险投资的蓬勃发展需要优秀管理人才推动。

现阶段阻碍我国风险投资发展的主要原因之一就是企业在发展过程中缺少金融方面的专业人才。对于企业来说，其在开展风险投资活动的过程中所需要的专业金融人才不仅需要拥有敏锐的洞察力来分析和判断市场发展的方向和趋势，还要能够运用专业的金融知识和结构体系来为企业应对市场变化提出更加有效的措施和方案。而在现代社会的发展过程中，专业的金融人才的培养不仅要保证其具有完备的专业知识，还要更加注重人才的综合素质。因此，要想完善我国风险投资的管理工作，首先就要注重培养专业的复合型金融人才。

具体来说，要想培养专业的复合型金融人才，首先，国家要加大对金融专业人才的培养力度，通过对高校的金融专业加大投入以及培养的力度，来为金融专业的学生提供更加完备的实训机会，让其能够将自身的理论知识与实践进行充分的结合；其次，企业要对现有的金融专业人员开展有关风险投资方面的培训和教育活动，并在条件允许的情况下组织相关的人员进入大型企业进行参观和交流学习。

除此之外，由于金融人员的专业素质也会对风险投资管理工作的开展产生一定的影响，因而企业在对金融人员进行培训的过程中还要更加注重对金融人员专业素质的培养。通过培养既具有专业的金融知识又具备高素质的复合型人才，在一定程度上对我国风险投资管理工作的开展起到促进作用。

四、文化支持体系

风险投资具有较为显著的空间选择效应，其高度集聚往往意味着区域创新创业活力的集聚，是区域创业型经济发展的晴雨表。伴随全球经济中心的转移，中国已经成为全球风险投资集聚的高地，随着中国产业升级和进入高质量发展的新阶段，科技创新驱动经济发展所占的比重会越来越高。作为一项伴随高技术产业发展和创新创业活动产生的投资方式，未来中国的风险投资将会进入更加高质量的发展阶段。如何借力风险投资，更大程度激活市场主体和服务好市场主体，创造更加高成长、高收益的创新创业经济成为区域发展的重要命题。基于全国风险投资事件与金额在城市层面分布格局的研究揭示了全国风险投资主要集聚在一线城市及重点城市化地区，但近年来这种集聚程度有所降低，更加理性化的风险资本越来越追求多样化的价值投资，这为地方创新创业的发展提供了新的机会。

尤其在中国区域经济发展将进一步深化协调的背景下，长江经济带建设、黄河流域高质量发展、"一带一路"建设等将进一步吸引投资，广大西部地区创业型经济的发展需要把握这些机会，根植于本地要素禀赋，不断完善市场营商环境，培育优质创业项目，优化风险投资布局，借力风险投资实现更加高质量的发展。

五、金融生态环境

在我国，不同地区市场化进程差异较大。对企业而言，相比其他经营活动，创新研发活动更容易受到金融生态环境的影响，良好的金融生态环境可以为企业提供有效资源，使行业体制更适合企业创新活动的发展，创新意愿也更高。对管理层而言，健全的金融生态环境促使企业不断优化企业内部治理环境，调整组织架构，顺应市场进程，这意味着他们的行为不但会受到企业内部的监督，还会受到市场的约束。对风险投资机构而言，受利益的驱动和法律的约束，管理层会对于企业创新战略的实施更加慎重，投机行为发生的可能性较小，此时，风险投资机构不用担心利益被管理层侵占。在竞争激励的金融生态环境中，风险投资机构为了获利，必须积极参与对企业的投后管理，提供增值监督服务，保证风险资本在企业创新活动中使用效率最大化。健全的金融生态环境意味着较高水平的法律体制以及完善的要素市场和产品市场，促使风险投资机构建立合理的经营机制，在加强管理形成外部约束力的同时，构建权责一致的激励机制。

在政府行为方面，政府补助可以显著提升被投资企业的创新水平，当政府通过资金补助与利好政策的颁布支持企业开展创新活动时，企业的创新能力可以得到显著提升。在信用体制方面，健全的信用体制的建设依托于市场完善的政策体系和先进的金融生态环境，有效促进资源的合理配置，降低企业创新风险。在法律环境方面，知识产权法律体系越健全的公司，其创新研发水平越高，因为良好的法律环境会提高研发投资利用率和降低外部融资的约束，还能保障企业创新项目资金的持续投入。

因此，外部金融生态环境完善程度越高，意味着风险投资机构与被投资企业之间约束和监督体系越完善，受到市场的约束，委托代理问题得到缓解，企业管理层与风险投资机构目标趋于一致，愿意参与企业长期的创新活动，降低投资风险。

第五节　风险投资管理

风险投资管理是对风险投资的开始、过程以及结束进行管理控制。实际上，只有立足于风险对投资实施有效管理，才能保障风险投资满足市场运营要求，并获得投资收益。在风险投资开始时，投资者应量力而行，衡量上市公司的财力与物力，全面掌握投资风险，为风险投资提供详细的信息支撑。在风险投资过程中，投资者应依照风险投资项目的市场变化做好应对准备，依照项目进展对风险进行预估与分析。在风险投资结束时，应对风险投资过程进行总结，总结经验，吸取教训，真正认识到风险投资管理的重要性，为公司获得效益、长效发展奠定基础。

一、风险投资的管理模式

由于初创型企业的创新项目信息对外披露较少，风险投资机构与被投资企业之间存在严重的信息不对称，很容易产生较为严重的委托代理问题，风险投资机构为了尽可能规避风险，会积极介入被投资企业的日常运营，以控制投资风险并提高预期收益率。另外，初创型企业创始人无论是在人员配置还是战略选择方面一般都存在一定的不足，他们也欢迎有专业投资经验的风险投资机构参与到企业的运营管理中来。于是，投后管理成为风险投资机构重要的业务之一，风险投资机构通过各种方式为初创企业提供增值服务，规避风险，提升公司价值，也为自己的风险投资创造更高的成功率和收益率。

（一）间接管理

风险投资机构在注入资金前，一般会对企业经营状况、人员配置以及项目前景进行评估，并根据企业现有的经营方式制定相应的投后管理策略。为了避免投后阶段企业项目运营的风险，风险投资机构一般会指导企业选聘专业人才，制定发展战略，整合上下游资源，帮助企业缓解人力资源、资金链以及战略制定等方面可能出现的危机。当初创企业因经验不足无法做出正确决策时，企业项目运营存在技术难点或管理方式缺陷时，风险投资机构会努力为企业提供专业化人力、技术、资金等方面的支持，帮助被投资企业的创新项目顺利运营，对增长符合预期的企业增加股权投资，期望将来从中获取超额的投资收益。

（二）直接管理

在间接管理的基础上，为了加大介入的力度，风险投资机构会通过委派董事、监事进入公司，行使表决权，在企业配置人才、制定方案、募集资金等方面实施监督等，直接参与企业的重大决策，对企业管理层实行监管，参与对高管人员的任免，对财务状况进行监督，保障股东的权益。风险投资机构参与被投资企业的董事会、监事会，有利于构建较为独立的董事会结构和管理团队，有利于被投资企业的长远发展。

二、风险投资管理策略与机制设计

（一）树立正确管理原则

1. 科学性与系统性原则

科学性原则，是指投资业务应当在科学理论、方法的指导下，遵循科学运营及决策的程序，运用科学思维方法来进行决策；系统性原则是科学性原则的另一种诠释，系统由各个局部构成，局部是完整的，系统才是完整的，存在重大缺陷的系统就不具备系统性原则，科学性原则必然要求系统性。

2. 定量和定性相结合原则

定性与定量分析是辩证统一的。在投资业务操作过程中，尤其是投资项目调查这类环节，不难发现任何调查事项，都既有质的描述，又有量的界定，只有质没有量，或者只有量而缺乏质，都是难以比较准确说明这个事物的。只有遵循定量与定性相结合才能更为全面对拟出资项目以更准确评价，进而做出科学的投资决策。

3. 制衡性原则

投资业务应当遵循制衡性原则，其也是内部控制的核心准则。在关键工作环节，如尽职调查、投资决策工作中，必须有相斥职务分离的安排，确保风险管理检查人员、决策人员的独立性。

4. 可执行原则

风险投资业务中，风险存在于各个方面，如产业风险、商业模式风险、政策法律风险、道德风险、操作风险等，要保证在各个流程环节形成相互制约，建立科学合理的监控机制，与业务推动之间形成相互制衡同时又相互促进的运行机制，必须遵循可执行原则。

（二）风险投资的管理策略

对风险投资机构而言，参与企业内部经营可以行使"内部人"的职能，通过增加企业价值提高自身盈利水平；对企业而言，企业创新研发活动需要充足的资金、技术和专业化服务。所以，风险投资机构采取持股、派驻人员等方式积极参与企业投后管理有以下优点。

一是风险投资机构持股比例较高可以促使双方的利益联系更加紧密。与其他机构相比，风险投资机构在资金实力、人员专业性、市场信息获取能力等方面具有较强的优势，并已经形成专业化的投资风格，而创新研发活动具有投资时间长、风险不确定、预期回报高等特征，符合风险投资机构投资偏好。因此，除了一部分风险投资机构受"逐名效应"驱使，谋求短期收益之外，大部分风险投资机构会更偏向对创新项目进行长期投资，与企业共同成长的同时获得高于市场平均的收益。若公司在政策上鼓励风险投资机构进行长期股权投资，作为股东的风险投资机构会利用自身专长对企业经营活动和重大决策提供咨询服务，并在协同效应中获益。不仅如此，风险投资机构与其他中小股东一起参与企业运营，可以预防控股股东谋取私利，损害个体利益。因此，风险投资机构较高比例的持股和长期持股，可以有效降低代理成本，且长期持股可获得较高收益，将促使风险投资机构有动力参与被投资企业的治理，有利于企业创新能力的持续发展。

二是支持风险投资机构参与董事会，可提高企业制定创新策略的水平。风险投资机构一般都聚焦某些特定领域进行投资，在这些特定领域，积累了专业技术经验，积聚了市场资源，它们委派人员进入公司董事会，将自身投资经验和相关资源传授给企业，积极参与企业决策，增加风险投资机构与企业的内在联系性，降低企业后续融资成本，增强企业创新能力。

此外，不同风险投资机构派驻人员所携带的人力资源和经验会有所差异，对企业创新战略的选择也会有所不同，更容易发挥机构自身监管作用，进而促进企业创新研发能力，提升企业价值。

1. 加大排查力度

投资者通过尽职调查可对初创企业的实际情况有初步的了解，弥补与创业者之间信息不对称的不足，淘汰没有潜力的项目，选择一些质量高的创业项目。在投资前，务必要对企业的开发技术、产品市场占有率以及企业的名誉进行初步考察，在此基础上加大对企业管理能力和合作情况的详细了解。在尽职调查过程中，需要提前准备好所有关键问题，及时发现真相，基于他人的反馈来提升自己的表现力，增强企业的实力。

2. 提升重视程度

这一策略应从不同主体出发，各司其职，发挥各个主体的能动作用。对于企业管理人员来说，企业战略发展内容中包含风险投资，因此应认识到风险投资决策和实施的重要性，不能将其仅仅看作简单的理财行为。同时，企业管理人员应高度重视投资风险的管理，从工作计划到工作推进，均应体现对投资风险的重视程度。对于企业风险投资管理和实施人员来说，应对投资风险保持高度敏感，无论在投资之前还是之后，均应提升对风险的重视程度，不能仅从收益的角度进行投资决策，否则会得不偿失。

另外，企业财务人员也应发挥监督作用。企业财务人员可以时刻关注企业的资金流向和使用情况，一旦发现可能对投资带来风险的情况要及时沟通、汇报，从而实现降低投资风险的目标。

3. 加强预测与评估

投资风险的预测与评估机制是应对投资风险的有效手段，也是企业必备的风险管理策略。

一是加强投资风险预测。借助投资风险分析模型，对不同投资产品的历史数据进行分析，了解其影响因素，并划定风险等级，从而有效预测相应的投资风险。

二是对投资风险进行识别、分类，采取有针对性的管理措施。企业应对利率风险、变现风险等主要投资风险进行有效识别，充分了解不同风险类型的作用机制，将投资风险控制在合理范围之内，避免相关风险影响企业的正常运营。

三是建立动态风险预警机制。借助于风险投资工具、软件等构建合理的动态风险预警机制，在相关风险对企业产生危害之前就采取措施应对，将企业损失降到最低。

4. 完善管控体系

投资风险管控体系的构建是十分必要的。

一是将风险投资项目纳入企业风险管理体系中。近年来，我国企业越来越重视全面风险管理体系的构建，投资风险管控体系可以作为其子系统存在。因此，将风险投资项目纳入风险管理体系，不仅可以实现对投资风险的有效监控，而且可以在风险发生时及时采取应对策略。

二是完善风险管控组织职能体系。投资风险管控体系的构建，离不开相关人员发挥作用。企业应指定专人负责投资风险管控体系的搭建与执行工作，也应指定专人负责投资风险的管理。

三是借助内部控制机制的完善降低投资风险。内控机制的存在本身就是为了降低企业风险，由此可将投资风险的内容与内控机制相结合，借助内控机制更好地管理投资风险。

5. 打造专业队伍

一是不断提升企业风险投资操作人员的能力。操作人员能力的提升不仅可以降低操作风险，更重要的是帮助企业制定科学的投资策略，从而让企业获得预期收益。操作人员应实时关注风险资本市场动态，通过培训学习更多的专业知识。

二是引进技术完善投资系统及相关软件，降低操作风险。投资模型的建立需要借助投资软件及系统，技术因素具有举足轻重的影响。所以，企业应加强技术投入，借助人员的辅助作用，有效降低投资风险。

三是引进专业的风险投资人才，构建专业化团队。专业的风险投资团队对于企业来说不可或缺，是企业风险投资成败的关键。通过高级专业人才的加入，企业的风险投资队伍也会日渐壮大，风险应对能力也会随之提升，既有利于企业实现风险投资管理目标，也有利于企业实现相应收益目标。

（三）风险投资管理的机制设计

当前，市场的竞争力日益激烈，企业应该完善风险投资管理，合理的使用资金，促进企业经济效益的增长。对于相关企业来说，将有限的资金投资到效益好、风险小的项目上有着非常重要的意义，不仅能够创造效益，还能够降低企业的财务风险。

首先，企业在进行项目的投资时，要对该项目面临的市场环境进行考察，要对该项目在市场上的供求情况、发展前景等进行深入的调查，从而对投资项目有全面的了解，在进行投资时可以降低企业的财务风险。

其次，企业应该对自身条件进行深刻的考察，从而分析对于投资该项目的必要性和可行性，避免在投资时过于盲目，给企业造成经济上的损失。

最后，在进行项目的投资时，应该对该项目的投资过程进行实时跟进，加强监督力度，对于投资项目的过程要实施有效的监督，规范投资的过程，从而合理的控制资金，降低投资的成本。财务人员应该按时对实际资金的支出与利润的产出和企业的预期数值进行比较，分析实际情况与预期存在不同的原因，从而对投资情况进行合理的调整，避免给企业带来财务风险。

1. 加快人才培养

企业应根据从业标准，合理提高招聘门槛，吸引更多专业人才。除了对应聘人员的专业知识与技能进行考评外，还应当关注应聘人员是否能够以自身逻辑思维及洞察力深入分析某些投资行为。企业应当注重对在职员工的再培训工作，组织风险投资管理人员到其他优秀企业参观学习。明确新时期行业发展趋势，定期聘请外部优秀人才以讲座的方式对在职员工进行思想教育，在实操训练中培养员工的综合能力与职业素养。

企业及社会应当加快对专业人才的培养，尽快推动企业风险投资管理队伍年轻化、专业化以及优质化，从而为后续的风险投资管理工作打下坚实的基础。

2. 优化资源配置

部分企业管理层人员没有认清风险投资管理工作在新时期的重要意义，以旧眼光看待风险投资管理工作，未将风险投资管理工作的效果和企业的经济效益与未来发展紧密联系。企业高层的认知水平有待提高，难以很好地带动员工积极做好风险投资管理工作。

为此，企业应当依据新时期的市场情况，做好整体员工的思想教育工作，重视风险投资管理工作，明确未来发展战略，在此基础上制订一份具有实用性、适用性的投资计划。企业选择投资项目时，应当以突出业主需求以及提高企业市场竞争力为主要依据，尽可能优化企业资源配置，从而真正实现资产保值与增值。企业在未经国家批准的情况下，不可涉及与股票以及期货等有关的高风险投资项目，避免遭受不可估计的损失。定期对企业投资项目进行彻底筛查，一旦发现经营情况恶化的项目，要立即采取补救措施，尽可能保全资产、减少经济损失。

3. 建立企业内部管理制度

企业内部管理活动是风险投资管理的基础。企业应尽快建立并完善内部管理制度，为管理活动配备专门人员，优化整个操作流程并完善业务处理系统，明确员工工作职能及工作范畴，实行责任分工制，规范员工行为，建立激励制度，调动员工的工作积极性，充分利用先进的科学信息技术，尽可能使管理工作变得更加便捷。

4. 加大税收优惠

风险投资管理工作必须严格按照国家的相关规定进行。完善相关法律，确定风险投资企业的性质，保护企业整体利益，规范管理人员的行为，避免违法乱纪行为。

在反腐倡廉背景下，行业规范及相关法律法规正在不断完善。在此背景下，企业应当约束从业人员的行为，促进风险投资业持续发展。新时期，我国风险投资主要集中在各类高新技术企业中。这些企业大多处于创业阶段，资金相对紧张。税收优惠政策正好解决了这一问题，相对宽裕的活动资金可以扩大企业规模，增加企业人才。因此，国家应当适当出台税收优惠政策，鼓励行业创新发展。

5. 完善监管体系

金融科技监管体系不完善，导致部分风险无法识别，这归结于金融科技在风险管理领域的应用尚未成熟。传统风险管理体系不完全适用于金融科技风险管理领域。这就需要建立合理有效的风险管理体系，促进金融科技在风险管理领域的发展，提高金融科技在金融风险管理中的效果。

企业应当具备一个独立的信息收集部门。这个部门的主要工作是根据项目情况、公司现状以及发展目标做出科学的分析及评估。信息收集部门可以在第一时间采取相应的补救措施，减少企业的经济损失。同时，要加强企业监管部门与中介机构的联系。

6. 政府支持

行业稳步发展离不开政府的大力支持。政府在市场监管环节占据主导地位，对扰乱市场正常秩序的投资企业具有一定震慑作用。政府监管部门可以对情节较轻的企业予以口头及书面警告，责令其整改；对于情节严重的投资企业，可以依法取缔并使其承担法律责任。针对正处于创业初期或规模较小的企业，政府可以与银行沟通，适当降低贷款门槛，达到鼓励扶持的目的。

第五章 企业风险投资的风险管理

目前，企业的生存环境不断变化，企业面临的投资风险也在不断扩大。如何将企业的风险投资进行合理规划和管理，将投资带来的风险降到最低程度是每一个企业风投管理人员的课题。本章分为风险投资的风险类别、风险投资的风险分析、风险投资的风险管理工具、风险投资的风险管理策略四部分。主要内容包括：风险投资的系统风险、风险投资的非系统风险等方面。

第一节 风险投资的风险类别

一、风险投资的系统风险

在风险投资中，系统风险主要包括政策风险、自然风险、体制风险、经济波动风险。

（一）政策风险

政策风险是指因政府调整与风险企业经营有关的政策，使风险企业的经营活动不能按预定目标进行而带来的风险，或是相关政策法规不完备而带来的风险。如财政、金融、消费、外贸、环境保护、行业限制等政策的变动，都会给风险投资带来很大的不确定性，这种不确定性可能会影响风险企业的盈利水平，出现亏损，甚至导致投资失败。

由于风险投资不仅仅是一个简单的投资过程，还包括筹资、管理和退出多个阶段，涉及投资者、风险企业、风险投资机构等不同的主体，包含了很多复杂的责权利关系。政府政策面的变化，对风险投资过程影响巨大，对风险投资机制的建立与发展也会产生巨大影响。无论是在风险投资发展比较成熟的国家，还是在风险投资初步发展的国家，政府政策在风险投资活动中都扮演着重要的角色。

（二）自然风险

自然风险是指由自然因素的变化或者由突发事件带来的不可抗拒的风险，比如地震、洪涝、风暴、火灾、战争等突发事件引发风险投资环境变化或引起整个市场波动，进而对风险投资相关的过程产生影响，由此可能给风险投资带来损失。

（三）体制风险

体制风险是指由于风险投资主体所在地区的经济体制，包括市场体制和风险投资体制等不完善所带来的风险。风险投资是在成熟的市场经济中形成的资本运作方式。它首先要求市场经济体制规范，这也是风险投资健康发展的基础；其次要求风险投资体制完善，包括融资体制、退出机制、保障机制等。

比如，从融资角度来看，高新技术项目难于融资，主要问题是由于体制和机制的制约，而不是缺少资金。由于高新技术企业主要是依赖权益资本来发展的，如果不能解决权益资本的来源而只是单纯提供贷款的渠道，那么这种貌似优惠的政策只能迫使企业在承担巨大技术、市场风险的同时再承担巨大的债务风险，增加其生存难度。

又如，从退出角度来看，风险投资还面临退出风险，风险投资者投资的目的并不是长期控制该企业，而是期望在将来退出时可获得高额利润，所以资金能否安全退出就显得格外重要了。证券市场的完善程度和参与条件、投资项目价值量的大小和投资项目的发展前景等都是影响风险投资退出风险的重要因素。

（四）经济波动风险

经济发展具有周期性变化的特征，在繁荣和萧条之间交替运行，呈现阶段性的循环和波动，这就是经济周期。在经济繁荣时期，经济增长较快，社会总需求增加，投资者对投资项目的收益也会相应有较高的预期，投资需求也相应增加。而在经济萧条时期，经济增长放缓，社会总需求会减少，投资需求也会减少。由于风险投资是一个长期投资，有可能风险投资者是在经济高涨时期做出的投资决策，到需要退出时却处于经济低迷时期，这无疑将给风险投资者带来投资风险。而且，投资回收期越长的项目，风险投资者所面临的风险也就越大。

二、风险投资的非系统风险

风险投资的非系统风险包括技术风险、管理风险、操作风险、产品风险、融资风险、价格风险、信用风险、信息不对称风险、特殊事件风险等，具体内容如下。

（一）技术风险

科研成果转化中的新技术的技术路线和技术原理究竟是否可行，能否适应大批量生产的技术和工艺要求，在预期与实践之间可能会出现偏差，从而形成风险。高新技术具有技术复杂、研发周期长的特点，而风险企业技术创新初期是不成熟的，可能存在很多问题，如适用性、配套性、技术寿命等，这些问题都有可能导致技术风险的发生。技术风险具体表现在以下几个方面。

1. 技术成功的不确定性

技术的先进性与创新性是风险投资的核心所在。成功的风险投资不仅要求核心技术具有独特性和超前性，而且还要求其能带来现实的生产力。产品的开发、设计、工艺制定、制造等任何一个环节的技术存在问题，都会让新技术难以发挥其功效，使技术创新前功尽弃。一项技术能否按预期的目标实现预期的功能，在研发之前和研发过程中是不能确定的，从而存在技术风险。

2. 技术转化的不确定性

一项新技术由于没有参照物，难以用成功和失败案例来类比。新技术能否运用到生产实际中发挥提高生产率的效用难以确定。新技术可能需要解决材料、生产工艺等诸多技术难题，而且一项高新技术产品即使能成功开发、生产并顺利步入产业化，但其技术效果还需要在一个较长的时期内才能得以验证和评估。例如，有的技术有副作用，会造成环境污染、生态破坏等，这类技术很可能因为受到限制而不能继续推广下去。

另外，高新技术产品的更新换代一般都比较快，但具体被更新替代的时间是预先难以确定的。当更新的技术比预期提前出现时，原有技术将蒙受提前被淘汰的损失。这些都有可能产生技术风险。

3. 技术配套的不确定性

技术配套的不确定性是指一项科研成果转化所需的配套条件不成熟而引致的风险。配套风险在技术扩散、技术转移过程中表现得尤其突出。一项新的技术发明后，往往需要一些专门的配套技术的支援才能使该项技术实现商业化生产运作，如果所需的配套技术不成熟，也可能带来风险。

4. 技术寿命周期的不确定性

由于技术进步的速度越来越快，使新技术的生命周期缩短，一项技术被另一项技术替代的时间将会缩短,所以,新技术如果不能在其生命周期内迅速实现产业化,就有可能被淘汰。

(二)管理风险

管理风险指因企业组织结构不合理、管理不善而导致风险投资失败所造成的风险。如,企业管理者缺乏管理知识和经验、决策失误以及企业组织结构不合理、管理方法不当等,引起了企业效益下降,从而产生管理风险。

风险企业大都有这样一个特点,即公司的创始人大多是专业技术人员,他们在专业技术上各有特长,但他们缺乏管理知识和经验。随着风险资本的进入,公司进入了一个超常发展阶段,这时公司创始人的管理能力已不能适应公司快速发展的要求,他们在公司管理上的风险日渐突出,主要表现为以下几个方面。

1. 决策风险

决策风险是风险企业因决策失误而带来的风险。由于风险企业具有投资大、产品更新快的特点,使得风险企业对高新技术产品的决策尤为重要,决策一旦失误将会给企业带来不可估量的损失。

2. 组织风险

风险企业主要以技术创新为主,企业的增长速度都比较快,如果不能及时调整企业的组织结构,就会造成企业规模的扩大与组织结构落后的矛盾。我国目前盛行的以技术参股的高新技术产品创新模式,其合作成功率不足60%;因组织结构不合理导致失败的占相当大的部分。

3. 人才风险

技术人才是风险投资成功与否的关键因素。与传统技术企业相比,风险企业在劳动力需求的数量和结构上有较大的不同,由于风险企业成长较快,且一般属于高度知识密集型的企业,因此对科技人员和高素质劳动力的需求较大,因而容易形成高科技人才的相对短缺。如果由于管理的原因,导致高级人才流失,核心技术难以持续,就会给风险企业带来致命的威胁。如何重视和开发人才资源,吸引科技人才是非常重要的环节。

(三)操作风险

操作风险主要是指由于操作人员、系统等因素引发的投资风险。一方面,企业操作风险普遍存在。企业进行风险投资时,需要专业的操作人员进行买入、卖出等操作，一旦存在操作不当、操作人员重视程度不足等问题，就会引发投资风险，企业面临损失的可能性也随之增加。另一方面，也存在由技术因素造成的投资系统不完善而引发的风险。如果企业的相关技术不够先进，导致投资系统存在漏洞或者不完善的情况，也会增加风险发生的可能性。

从原因来分析，企业操作风险源于操作人员的专业水平不足，一些企业缺乏专业的投资人员，与现实的投资活动需求不匹配，从而增加了操作风险。另外，企业操作制度不完善，相关制度对操作人员无法形成约束，制度不规范导致操作流程不规范，从而引发操作风险。

（四）产品风险

产品风险是指风险企业生产的新产品或服务不符合产业发展趋势，不能适应市场的需求，可能给风险企业带来的损失。例如，在20世纪80年代初，IBM（国际商业机器公司）根据市场变化的需求，率先提出走电脑相互兼容的道路，其他的一些电脑公司都纷纷响应。然而苹果公司却没有注意到市场的需求及竞争形势发生了变化，在技术上拒不走兼容化道路，使苹果电脑与其他品牌电脑不兼容，市场供应的大量软件无法应用，从而难以增加新的客户，失掉了大部分的市场份额，导致了苹果公司经营状况恶化。

产品风险具体表现在这样几个方面。
①产品市场需求小，难以进行大规模生产，从而导致产品风险。
②产品不符合产业发展方向，逐渐被市场淘汰，如不具有节能环保的要求。
③产品还没有形成规模经济时，就被其他的新产品所替代。
③产品没有足够的竞争力，不能替代现有的产品。

（五）融资风险

融资风险既有针对风险投资机构的，也有针对风险企业的。前者是指风险投资机构的资金规模有限，不能形成规模效应，不能通过多元化的组合投资分散风险；后者是指风险企业风险投资资金周转困难，致使在某一阶段因资金瓶颈而失去先机，被对手超过或者面临经营失败的可能性。

（六）价格风险

价格风险是指由于金融市场利率、汇率及价格水平的变化所带来的资金收益的不确定性。风险投资公司向风险企业大量注入资金后，在企业运行过程中应特别注意利率水平及相关因素的变化，如通货膨胀、金融政策、财经政策等，其中通货膨胀尤为重要。在通货膨胀的时候，政府会采取紧缩的货币政策，利率上升，致使贷款成本随之增加，或难以得到贷款，导致风险企业资金紧张，从而带来资金风险。在成本推动的通货膨胀时期，物价上升，拉动生产中所使用的材料、设备等成本上升，同时消费者也会因为企业产品价格上涨而减少购买，导致产品销售量减少，从而影响企业的收入，进而影响投资收益。对于风险投资机构来说，由于通货膨胀引起了股市和汇率波动，会因为股票价格的下降或汇率的下滑，使风险投资者承担一定的资金风险。

（七）信用风险

信用风险是指提供信用保证的参与者（包括风险资本投资者、风险投资机构、风险企业、管理和技术开发人员）的资信发生问题而导致投资损失的可能性。由于成功的风险投资离不开有效的信用保证结构支撑，因此，最重要的是各成员是否有能力履行其职责，是否愿意并且能够按照法律文件的规定，在需要时履行其所承担的对转化项目的信用保证责任，这种信用支持应贯穿于风险投资的各个环节和阶段。

（八）信息不对称风险

某个利益主体出于自身利益的考虑，对对方封闭信息，从而给对方带来损失的可能性，就构成了信息不对称风险。风险投资活动中广泛存在着各种信息不对称的问题，如风险投资家和风险企业家之间的信息不对称，风险企业家与高新技术创新者之间的信息不对称等。为了保证风险投资的成功，应该最大限度地消除信息不对称问题，使风险投资中的各个利益主体能够充分沟通和了解。

（九）特殊事件风险

特殊事件风险是指由于不可预知的事件发生而为企业带来的投资风险。特殊事件包含水灾、疫病流行等对整个经济和社会体系产生重大影响的事件。当特殊事件发生时，不稳定因素急剧上升，国内外经济形势趋于紧张状态，相应的投资产品价格自然会下降，企业不得不承担由此造成的损失。

另外，如果特殊事件不能在短时间内消除，就会对经营和社会发展产生长远不利影响，则企业投资风险也会随之增加。特殊事件本身具有不确定性，也具有极大的危害性，这就需要企业在进行投资决策时能够充分识别风险，并且对投资产品进行科学配比，避免由于特殊事件的发生给自身带来毁灭性影响。

第二节 风险投资的风险分析

风险投资是一种高风险、高收益的投资方式,为了尽可能地避免风险,并获得高收益,必须对风险投资过程进行风险分析。

一、风险识别

风险识别是指对潜在的及已经存在的各种风险进行系统的归类和全面的识别。风险识别是风险管理的重要方面,只有正确识别风险,才能对症下药,对风险投资过程中的风险进行有效的管理。

风险识别主要应分析以下一些内容:①在投资过程中有哪些风险应当考虑;②引起这些风险的主要因素是什么;③这些风险的后果及其严重程度如何。

二、风险评估方法

风险评估是指应用各种管理科学技术,采用定性与定量相结合的方式,最终估计风险大小,找出主要的风险源,并评价风险的可能影响,以此为依据,对风险采取相应的对策。风险评估常用方法有以下几种。

(一)调查和专家打分法

调查和专家打分法是一种最常用、最简单且易于应用的风险评估方法。首先通过风险识别将项目的所有风险列出,设计风险调查表,然后利用专家经验,对各风险因素的重要性进行评估,再综合成整个项目风险。具体步骤如下。

①确定每个风险因素的权重,以表示其对风险投资的影响程度。

②确定每个风险因素的等级值,例如,按较小、稍大、中等、较大、很大五个等级,分别以 0.2、0.4、0.6、0.8 和 1.0 打分。

③将每个风险因素的权重与等级值相乘,求出该风险因素的得分,再将各风险因素得分求和,求出该项目整个过程风险的总分。总分越高,说明风险越大。

为规范这种方法,可根据专家的经验对所评价项目的了解程度、知识领域等,对专家评分的权威性确定一个权重值。最后的风险度量值为每位专家评定的风险总分乘以各自的权威性的权重值,所得之积合计后再除以全部专家权威性的权重值的和。

该方法适用于项目决策前期，这个时期往往缺乏具体的数据资料，主要依据专家经验和决策者的意向，得出的结论也只是一种大致的程度值，它只能作为进一步分析参考的基础。

（二）主观风险测定法

主观风险测定法是依赖风险管理者个人的经验及主观分析判断，来评估风险企业的风险的一种方法。一般来讲，可以将其分为传统的主观风险测定法和现代的主观风险测定法。

1. 传统的主观风险测定法

传统的主观风险测定法主要是根据风险管理者的主观判断，采用定性的分析方法，主要有经理观察法、事件推测法、企业股市跟踪法、资产负债表透视法等。

（1）经理观察法

经理观察法，即由经验丰富的风险投资机构的经理人根据自己的经验与直觉，对风险企业的生产经营情况进行观察，然后估计出风险的大小的一种方法。这种观察不需要任何财务报表与资产负债方面的数据。

（2）事件推测法

事件推测法，即利用与风险企业有关的内外部信息，对于当前影响企业的较重要事件做出一定时期内发展上的推测，并在此基础上确定企业风险的大小的一种方法。

（3）企业股市跟踪法

企业股市跟踪法，即根据风险企业在股票市场的价格变化情况来判断企业风险大小的方法。该方法假定风险企业的收益与风险和企业在股票市场的价格密切相关。

（4）资产负债表透视法

资产负债表透视法，即由富有经验的会计师传授下来的，通过观察企业的资产负债表上的资金来源及运用情况透视出风险企业的风险程度的方法。

2. 现代的主观风险测定法

传统的主观风险测定法带有主观、经验与定性的特点，现代的主观风险测定法则在传统主观风险测定法的基础上，采用定量的分析方法，由此而将主观分析扩展到能够同时完成综合评价风险因素与测量风险临界值的双重任务。

现代的主观风险测定法中较具代表性的是所谓的"A记分法"。

A记分法假定风险企业的经营失败不是一个突发事件，而是一个逐步的发展过程。

首先将与风险企业有关的各种风险因素列出，根据影响程度不同，将风险因素分为三类：第一类是企业经营缺点；第二类是经营错误；第三类是破产征兆。然后，依据它们对企业经营失败的影响大小进行赋值，最后将所得数值或记分加和，就可以知道该企业的确切风险程度。

A记分法把项目风险因素分为17个，共三大类，不同的风险因素的记分值不同。第一类企业经营缺点包括管理活动不深入、被动的领导班子、财务经理不够强、管理技能不全面、无成本监督系统、无过程预算系统、无现金开支计划、董事长兼任总经理、总经理独断专行、应变能力低，10个因素；第二类经营错误包括缺乏资本过头生意、过大风险项目、高杠杆负债经营，3个因素；第三类破产征兆包括管理停顿、经营秩序混乱、被迫编造假账、危机财务信号，4个因素。总分值100分，临界值25分。一般认为0～18分之间为安全区，18～25分之间为警戒区。

尽管A记分法把项目风险因素尽量给予了定量化，但是它的主要依据依然是评价者的个人判断。因此，即使是现代的主观风险测定法也存在以下缺点：一是不同评判者对同一企业的风险测定结果不一样；二是评判者的判断边界模糊；三是不同评判者或分析者对各种风险因素的记分或赋值标准的观点可能不一致。这样就需要更客观或更为科学的方法来弥补其缺点，于是就导致了客观风险测定法的产生。

（三）客观风险测定法

客观风险测定法是以反映企业经营活动的实际数据为分析基础的分析测定方法，同样可以分为传统的客观风险测定法和现代的客观风险测定法。

传统的客观风险测定法又可以称为财务比率分析法，该方法所依赖的所有数据都来自风险企业的财务报表。这种方法主要利用的财务比率包括速动比率、流动比率、资本结构比率、存货周转率、收入结构比率、债务比率、资本回报率、利润边际率、资产周转率等九个比率。以上九个比率，每一个只反映项目风险程度的一个方面，所以为了尽可能正确评价一个项目风险的大小，每次风险测量中最好同时考察数个比率值。但是，如何恰当地解释各个比率的大小，尤其是当它们彼此不完全一致时如何得出一个统一的结论，就成为极为费时和困难的问题，同时也使客观测量标准可能由于解释的难度而变得在结论上失去客观性。

而现代的客观风险测定法的产生，使得对项目进行综合性评价和测定成为可能。在现代的客观风险测定法中，最具代表性的是奥特曼于1986年提出的"Z记分法"。作为一种综合评价项目风险的方法，Z记分法首先挑选出一组决定项目风险大小的最重要的财务和非财务的数据比率，然后根据这些比率在预先显示或预测项目失败方面所起的作用大小给予不同的加权，最后将这些加权数值进行加总，就得到一个项目的综合风险分数值，将其与临界值对比，就可以知道项目的风险程度。

（四）贝叶斯风险测定法

为了进一步结合主观风险测定法和客观风险测定法，提高项目风险决策的准确性，采用贝叶斯定理，则可以巧妙地把先验概率与客观调查结果结合起来，按照客观调查结果不断对原先的先验概率进行修正，形成后验概率，并据以确定各个方案的期望损益值和最优方案，使决策逐步完善，决策结果更加准确。

贝叶斯定理是概率论中一个著名的定理，也叫贝叶斯公式。它得名于它的发现者——18世纪英国牧师贝叶斯。贝叶斯定理指出了按照已知的先验概率和条件概率，推算出所产生后果的某种原因的后验概率的方法。简而言之，贝叶斯定理就是按照先验概率和与先验概率相关的条件概率求后验概率。

利用贝叶斯定理进行风险测定，关键问题是要计算后验概率。其基本思路是：首先确定事件自然状态的先验概率，然后根据先验概率进行初步决策；随着项目的进行，可以不断地获得新的补充信息，根据这些补充信息，重新修正对原有事件概率分布的估计；经过多次修正以后，对事件的概率分布估计会越来越准确，越来越符合实际情况。后验概率采用贝叶斯公式来计算。

第三节 风险投资的风险管理工具

选择恰当的风险管理工具对风险进行有效的控制，是风险管理的重要内容之一。风险是客观存在的，风险管理者不能消灭风险，但可以通过运用不同的风险管理工具降低风险，从而最小化风险带来的损失。风险管理工具主要有：风险回避、风险转移、风险分散与损失控制。

一、风险回避

风险回避是指由于考虑到风险损失的存在或可能发生，主动放弃或拒绝实施

第五章 企业风险投资的风险管理

某项可能引起风险的方案是风险投资主体在决定中对高风险的领域、项目和方案进行回避，进行低风险选择。风险回避有三个可能的途径：回避高风险的风险投资领域；回避高风险的技术创新项目；回避高风险的技术创新方案。但是风险与收益共存，高风险才可能有高回报。重要的是高风险与高回报的对称性，即更大风险是否值得，是否有能力承担，后果是什么。

风险回避的基本原则是：回避不必要的风险；回避那些远远超过企业承受能力、可能对企业造成致命打击的风险；回避那些不可控性、不可转移性、不可分散性较强的风险；在主观风险和客观风险并存的情况下，以回避客观风险为主。

风险回避能够在风险事件发生之前完全消除某一特定风险可能造成的种种损失，而其他方式只能降低损失发生的概率或损失的严重程度，或对损失发生后及时予以经济补偿。避免风险是尽可能对所有会出现风险的事业和活动避而远之，对风险损失直接设法回避。这不失为最简单易行、全面、彻底的处理方法，而且较为经济安全，保险系数很大。所以风险回避的主要优点是将损失出现的概率保持在零的水平，并消除以前曾经存在的损失出现的机会，简便易行，经济安全。但另一方面，风险回避具有种种局限性。

其一，风险回避只有人们在对风险事件的存在与发生、损失的严重性完全有把握的基础上才具有积极的意义。如果对风险识别、风险评估尚无把握时，避免风险就可能导致失去机会，丧失企业获得高收益的进取精神。

其二，风险回避是以放弃某项活动或事业作为代价。就经济活动而论，与风险相对的是收益。为了避免风险而放弃某项活动也必然要随之失去这种活动相伴随的种种机会和利益。如新技术的采用，如果全面放弃这些计划，则有因噎废食之嫌，无法产生积极的作用。所以，风险回避带来消极防御的性质，只有在风险造成的损失大于风险带来的收益的情况下，方可采用。

其三，风险回避的方法可能不太现实。因为风险回避就是要人们停止或放弃某项计划，使正常的生产经营活动陷于停顿。

二、风险转移

风险转移是指风险承担主体有意识地将损失转嫁给他人的方式。为了企业的正常运行，将风险转移出去是非常必要的。比如一些大的公司会对自己的财产进行投保，一旦出现大的财产损失，不至于使公司破产。由于企业转嫁了这种风险，可以保障在损失发生时，企业经营不受太大影响。

（一）转移引起风险或损失的投资

比如风险投资机构一经发现所投资项目或企业成功的可能性较小，就及时退出。

（二）联合投资

联合投资，即吸收多种来源的风险投资，此时项目的承担主体仍是企业，而各风险投资机构主要是参与风险损失的分摊和风险收益的分摊。在联合投资中，风险的分摊意味着风险的一种转移，而风险转移又必然伴随着收益的分摊与转移。

（三）参与科技保险或项目保险

保险是一种补偿措施，旨在使被保险人能以确定的小额成本（保险费）来补偿大额不确定的损失，最高补偿金额以保险金额为限。通过保险的安排，少数发生损失者，得以借大多数未发生损失者的帮助得到补偿。

项目的承担主体不发生变化，仍是原来的企业，但风险损失的承担主体发生了变化，当技术创新项目失败时，保险公司将承担部分损失，即保险公司成为技术创新的风险的承担主体之一。在科技保险过程中，企业为了转移风险，则必须付出一定的风险成本，在这里，风险成本是付给保险公司的保险费，即企业以确定性的保险费来买得一种不确定性的损失补偿。

风险转移与风险回避，既有区别，又有联系。区别在于风险回避是停止或放弃某一风险投资项目，而风险转移只是将风险造成的损失转嫁出去，风险投资项目仍然进行着，风险损失仍然存在。联系则表现在当风险转移是将产生风险的有关投资活动转移出去时，它与风险回避很相似，是风险回避的一种特殊形式。

三、风险分散

风险分散是指风险投资者通过科学的投资组合，如选择不同项目的投资组合、不同成长阶段的投资组合、不同投资主体的组合，使整体风险得到分散而降低，从而有效地控制风险。

风险投资组合的成功往往依赖于一两个项目的巨大商业成功，故有必要进行不同项目的组合。可以近似地认为，一个项目或项目组合的成功概率越过风险投资的总体平均成功率，就是一项有效的组合投资决策。

（一）不同项目的投资组合

在风险分散中，应当注意以下两点：一是高风险项目和低风险项目适当搭配，以便在高风险项目失败时，通过低风险项目能弥补部分损失；二是项目组合的数量要适当。项目数量太少时，风险分散作用不明显；而项目数量过多时，会加大项目组织的难度，以及导致资源分散，影响项目组合的整体效果。

（二）不同成长阶段的投资组合

风险企业的成长有其特殊的轨迹，一般要经过四个发展阶段：种子期、创业期、扩张期、成熟期。不同的成长阶段，企业所需的投资、面临的风险以及投资者投资增值的机会和空间都是不同的。当风险投资家筹集到资本之后，他所面临的第一个考验就是 选择在什么时机进入风险企业，以使风险最低，收益最大。为了使风险降低，最好采用不同成长阶段的投资组合。

（三）不同投资主体的组合

集合多个投资者，联手进行投资活动，分担投资的风险。这已经被其他领域的实践证明是一种推动发展、分摊风险的有效方法。例如，国际金融市场上的银团贷款、政府和多家公司联合进行大型项目，特别是基础设施和基础产业项目的投资等，都是投资主体组合的成功例子。

从一定意义上说，所有的风险投资都是由组合的主体进行的。各风险资本投资者提供风险资本的最初来源，组成风险投资基金等形式，交由专业的风险投资机构进行具体的投资活动。于是，风险投资基金就成为风险资本投资主体组合的最普遍、最简便有效的方式。

除了风险资本组织形式内部的投资主体组合外，为了尽量降低投资的风险，风险投资机构在进行投资决策时，有时会选择和其他的风险投资组织合作，例如其他的风险投资基金或风险投资机构等，联合几家风险投资组织，共同进行某一项投资活动。一般来说，这样的组合有五种主要形式：①与其他的风险投资机构合作；②与其他非专业的但是愿意进行风险投资的公司合作；③与金融服务机构合作；④与大学或其他机构合作；⑤上述多个主体合作。这种合作的结果不仅降低了每个合作主体的风险，而且也会使总体的风险降低。

四、损失控制

损失控制是指在损失发生前全面地消除损失发生的根源，并竭力减少致损事故发生的概率，在损失发生后降低损失的严重程度。所以，损失控制的基本点是预防损失发生和降低损失的严重程度。

损失控制，是在对风险投资的风险因素进行充分辨识和分析的情况下，事前对风险进行预测和预控，降低风险发生的可能性或风险发生后的损失程度。风险投资的风险因素包括可控制的风险因素和不可控制的风险因素，如决策风险、技术风险和生产风险中的部分风险因素是可控的风险因素，对于这些可控的风险因素，可以通过计划、组织、协调等方式对其加以预防和控制。而对于一些不可控的风险因素，如由于宏观政策环境、市场需求所导致的风险因素，则可采用风险回避、风险转移、风险分散等风险管理方式。

损失控制是风险管理中最积极主动的处置风险的工具。相对于其他工具和方法，损失控制更积极、合理、有效。主动地预防与积极地实施抢救比单纯地采用风险回避、风险转移和风险分散更具有积极的意义，它可以克服风险回避的各种局限，从全面的角度来看，损失控制优于风险转移。

就风险转移而言，只是使风险从某些个人或单位转嫁给他人承担，并未能在全社会减少或消除风险损失。保险立足于损失后的财务补偿，相对于损失控制而言是一种被动地承受风险及其后果的方法。损失控制虽然不可能完全消除损失，但它仍不失为一种积极主动地预防与减少损失的工具。

第四节　风险投资的风险管理策略

一、风险资本投入之前的风险管理策略

风险资本投入之前的风险主要是由信息不对称引起的。信息不对称是指交易双方在某种交易活动中，各自占有的相关信息不对等的现象，在风险投资活动中表现得尤为突出。信息不对称包括事前信息不对称和事后信息不对称两种形式。风险资本投入之前的风险主要来自事前信息不对称以及由此产生的逆向选择风险。因此，这一时期的风险管理策略的形成应建立在如何保证风险投资机构能够尽可能得到来自风险企业家和风险企业的完整、准确的信息。为此，可以采取以下手段。

第五章　企业风险投资的风险管理

（一）借助商业计划书

初创时期的风险企业由于规模小、成立时间短，缺乏应有的相关记录，信息渠道狭窄。因此，给风险投资机构获取有关信息带来很大不便。在此情况下，风险企业的商业计划书作为展现给风险投资机构的信息通道就显得极为重要。风险投资机构可以通过商业计划书发现一些问题。比如，从商业计划书的包装是否整洁、格式是否规范，可以判断对方的思维和工作态度是否严谨；商业计划书中对风险企业管理层的描述，可以作为全面了解企业管理者们的基础；从商业计划书中风险企业主要项目的介绍，可以了解一些风险企业家的创业经历和风险企业的发展情况等等。当然，风险投资机构还要通过与有关人员的交流来证实商业计划书的真实性和可靠性。如果商业计划书的内容与实际交流的结果存在较大的差异，那么，投资项目的风险显然就比较大。

在借助商业计划书获取风险企业信息的同时，风险投资机构还要与风险企业家进行频繁和全面的接触以便对风险企业家本人进行了解，为此风险投资机构可能要付出几个月的时间。这一点对于新创企业尤为重要，因为对于这类企业而言，可以说风险企业家本人的特点就决定着企业的发展命运，对一个不合格的风险企业家的投资也就意味着风险投资的失败。风险企业家必须同风险投资机构有着共同的投资经营理念，有着共同的愿望和目标，风险企业家还应具备企业者的素质，投资双方应存在共同合作的基础。这些都是获取信息、防范来自风险企业家本身风险的重要环节。

（二）确定风险选择原则

风险企业在未来可能面临的风险通常包含五个方面，即研发风险、技术风险、市场风险、管理风险和成长风险。在风险企业处于其发展的种子期、创立期、扩张期和成熟期某一阶段的时候，这五种风险的表现强弱也各不相同。比如，在种子期，风险企业面临的主要风险可能是研发风险和技术风险；而在扩张期，风险企业则可能会面临市场风险、管理风险和成长风险等。风险投资机构通过研究风险企业所面临的风险种类及数量，确定风险企业未来风险的大小，从而做出是否投资的决策。在一般情况下，如果风险企业所面对的以上五种主要风险超过两个以上，那么风险投资机构就不应该予以投资，否则将大大增加投资的风险性。另外，在风险和收益相同的情况下，风险投资机构应该选择市场规模更大的风险企业进行投资。

（三）借助中介机构推介

鉴于风险投资机构在选择风险企业的过程中可能无法获取对方更多信息，风险投资机构可以通过一些中介机构和关联机构的推介来筛选拟予投资的风险企业。比如，风险投资顾问机构、投资银行、会计师和律师事务所、孵化器机构以及一些业务合作伙伴和朋友等。这些机构由于同所介绍的风险企业的特殊关系，可能会比风险投资机构更了解风险企业的真实情况，而且它们又同风险投资机构在多年的交往与合作中形成了相互信任的默契关系，因此它们掌握的对所推介的风险企业的真实信息是令风险投资机构放心的。

另外，即使风险投资机构对某些机构不甚熟悉，但是由于这些机构的地位和声誉以及它们希望从与风险投资机构的长期合作中得到广泛的业务客户，所以它们仍然缺乏欺骗风险投资机构的动机。这样，这些中介机构替代风险投资机构履行了获取风险企业信息的职责，在一定程度上降低了风险投资机构面临的信息不对称程度。在风险投资比较发达的美国，大约有90%左右的风险投资项目都是经过中介机构或业内人士推荐的。

（四）依靠专业队伍评估

风险投资机构一般来说对专业技术、财务、法律等评估技能并不十分熟悉，这就需要在风险投资机构内部建立一个专业技术评审委员会，聘请相应领域的专家，为项目"把脉"，并辅助决策，还可以聘请正规的会计师事务所审计企业的财务信息，或聘请律师事务所审核法律程序。这些措施都可以保证风险投资机构获得信息的真实性和合法性，从而可以降低风险。

（五）采取投资组合方式

风险投资机构为了回避可能出现的投资风险，可以将一项投资基金分别投到相互独立的不同的投资项目上去，分散投资风险。这样，即使在某些项目上投资失败，而另一些项目的投资成功也会弥补失败项目的损失。许多风险投资机构在自己的风险投资制度中都规定，对某一项目的投资不得超过所筹集风险资本总额的一定比例，这一比例一般在10%～20%左右。

（六）采取分段投资方式

根据风险企业的不同发展阶段，将对风险企业的投资分为不同的时间段注入企业发展的不同时期就是一种分段投资的方式。这种方式以不同额度陆续投入风险资本能够达到减少损失、回避风险的效果。在这一过程中，风险投资商对下一阶段的资金投入情况及交易价格都依赖于投资双方对项目前一阶段运行情况的评价。如果项目运行良好，风险呈现降低趋势，则风险投资机构会追加投资，否则，风险投资机构可能减少甚至停止追加投资。这种投资方式的风险显然要比一开始就全部注入资金要小得多。

与此同时，随着双方合作的深入，风险投资机构还可以越来越多地了解风险企业家的私有信息以及投资项目的全面信息，由于获取的信息量和信息的真实性大大提高，风险投资机构对项目的认识更加清晰，对项目的预测更加精确，有利于对终止投资或是继续投资做出正确的决策。风险投资的成功在很大程度上取决于及早终止失败项目和对成功项目的大力支持。

（七）采取辛迪加投资方式

辛迪加投资是一种联合投资的方式。在风险投资的过程中几家风险投资机构共同对一个项目进行投资就是一种辛迪加投资方式。这种投资方式的产生是由于一些项目所需要的风险资本额度比较大，某一家风险投资机构独立投资则风险过大，多家合作可以分担风险。另外，某一项目如果被多个风险投资机构共同认可，则可能会有更大的成功率。还有，通过联合投资，风险投资机构彼此之间都为对方扩大了接触优秀投资项目的渠道。辛迪加投资的结果，使风险投资机构之间可以建立起有效的信息沟通渠道以减少信息不对称所带来的风险。

（八）采取专业化投资方式

风险投资的专业化有两层含义：第一，投资行业的专业化，风险投资机构可以选择自己比较擅长的行业进行投资，而一般情况下不对自己不熟悉的行业进行投资；第二，投资地区的专业化，即风险投资机构将投资经常性地针对某一个地区。行业投资的专业化是基于投资项目的高新技术特点，要求很高的专业化程度，而风险投资家以前可能就是这一投资领域成功的技术专家或企业家这一特点来考虑的；地区投资的专业化是基于风险投资家可能更了解某一地区的市场和行业发展状况及其前景，从而便于对投资进行管理和监督这一特点来考虑的。

另外，对所投资的行业和地区越熟悉，防范风险的能力就越强。由于风险投资家个人的专业知识和所熟悉的行业、地区很有限，随着投资领域的扩展，获得信息的优势就越小，投资风险也就越大。所以，风险投资家的投资应该具有边界，这个边界就是风险投资的专业化程度。专业化程度越高，风险就越低。

二、风险资本投入之后的风险管理策略

风险资本投入之后的风险主要来自事后信息不对称以及由此产生的道德风险，同时，风险投资机构还要考虑风险企业本身所面临的风险（即间接风险）。面对可能的风险，风险投资机构需要解决的问题是如何使风险企业形成一个合理的公司治理结构和建立起有效的内部管理制度来降低风险。

（一）利用双方认可的投资契约防范风险

投资契约是对投融资双方的一种约束协议，双方必须按照协议的内容履行各自的义务并承担相应的责任。风险投资机构可以在协议中通过对投资形式、投资工具、退出安排以及对风险企业的制度要求等条款的设计，来降低双方信息不对称的程度，将风险投资机构所承担的风险部分转移到风险企业身上，以激励风险企业与风险投资机构同舟共济，实现共同的目标。一套有效而完备的投资契约，有助于减少道德风险，减少风险企业家对风险投资机构利益的损害。

1. 激励与约束机制的要求

风险投资机构为了保证风险企业公司治理结构的合理性，往往在投资契约中要求风险企业在所有者和经营者之间建立起有效的激励与约束机制，使二者所追求的目标尽可能地保持一致，避免经营过程中出现不应有的风险。对经营者的激励主要通过经营者持股和赋予经营者一定的购股期权等形式；而对经营者的约束则通过雇佣条款和规定经营者的工作职权范围等形式。这样，可以在很大程度上避免经营者过分追逐风险、不遵循机构本身的投资策略和既定方针、给自己订立过高的报酬以及一些关联交易等问题的发生，使经营者控制自己的行为。

2. 股权安排的要求

风险资本对风险企业的权益投资可以采用不同于普通股的优先股形式。而且，为了具有更大的灵活性还可以进一步采取可转换优先股的形式。由于经营者手中持有的普通股与可转换优先股相比在利润分配上处于劣势地位，如果风险企业的盈利状况不佳，那么，在支付完优先股的股息之后，普通股有可能已经无利润可分了。因此，风险投资机构在投资契约中明确这样的股权安排势必会激励企业经营者努力将公司带入成功的发展轨道。

3. 表决权的要求

如果风险投资机构采取可转换优先股等金融工具进行风险投资，那么，正常

情况下是不具有投票表决权的,这样势必会导致风险企业的失控,从而加大投资风险。为了解决这一问题,风险投资机构可以在投资契约中为表决权制定附加条款,即不仅允许优先股具有像普通股一样的表决权,而且还允许优先股附加超额投票权(比如,一个股份所代表的投票权可以是其他普通股投票权的两倍等)或者重大问题否决权(对重大问题可以一票否决)。这一制度安排保证了风险投资机构不管以何种金融工具投资都能对风险企业拥有足够的控制权。

(二)通过风险投资的后续管理来防范风险

风险投资机构除了防范信息不对称所造成的风险外,还要应对风险企业本身所面临的技术风险、市场风险和管理风险等。对于这些风险,风险投资机构可采取的唯一可行且有效的措施就是参与风险企业的管理。参与的方式是通过在风险企业董事会中占有席位以及向风险企业监事会中派出财务监事,随时对企业的经营情况、财务状况和管理层素质进行监督和评定,审核企业的财务报表是否存在问题以及如何调整,并有权在管理层不遵循契约规定或经营出现偏差时,向风险企业提出意见。如果管理者不能胜任当前的工作,风险投资机构还可以帮助企业寻找新的管理人才。这样,风险投资机构便可以监督和控制风险企业的重大决策,帮助风险企业完善内部治理,在内部形成完善的管理制度和财务制度,提高企业抵御风险的能力。

三、市场环境与投资风险的缓解策略

风险资本市场环境的好坏决定着风险管理策略实施的效果,任何一项来自政府的风险分担政策和机制都会在不同程度上降低风险投资的风险。而且,有了这一政策和机制,风险投资的风险防范体系才是完整的。风险分担政策和机制主要体现在两个方面:一是创造保护风险投资发展的法律环境;二是制定鼓励风险投资发展的政策和补偿机制。

(一)法律保护环境

规范的市场机制是风险投资防范风险的保障,而法律环境是形成这种市场机制的坚实基础。法律环境必须能够保障风险资本的流动性,保障风险资本能够采取灵活的投资工具,保障风险资本退出渠道的通畅,保障风险投资机构组织结构的合理性等。相反,如果没有法律的保障则无疑为风险资本市场机制的形成设置了障碍,而设置障碍本身就加大了风险投资的风险。

（二）鼓励政策和补偿机制

风险投资的鼓励政策可以降低风险投资的运作成本，而风险投资的补偿机制则可以弥补风险投资的投资损失。这两种方式都以不同的形式降低了风险投资的投资风险。比如，美国为了鼓励本国风险投资的发展将资本收益税率从49.5%降到28%，而后又进一步降至20%，使风险投资机构可以从资本收益中拿出更多的资金去补偿因投资失败所造成的损失，因而迅速扩大了美国风险资本的规模。欧洲等一些国家还采取了其他基于本国特点的方式来降低风险投资的风险。

比如，英国采取保险投资的方式为风险投资提供一定额度的保险，以降低风险投资的风险程度；而法国允许将从事风险投资过程中所损失的资金用来抵扣风险投资的税款，等等。在制定鼓励政策和补偿机制以降低风险投资机构的投资风险的同时，许多风险投资发达的国家还将降低风险、鼓励投资的措施受益目标瞄准了风险投资机构的投资对象——风险企业，它们认为解决风险企业的问题同样可以帮助风险投资机构减少投资风险。为此，英、法、德、日等许多国家都建立了旨在鼓励新创科技企业发展的科技研发基金，对于被认定的风险企业的研发项目予以拨款扶植，而且一旦项目失败则无须偿还。这种措施激发了研发热情，促进了技术资源的积累，提高了风险企业的项目成熟度，从而使风险投资机构在筛选投资项目的时候，可以面对数量更多、风险更低的投资对象。我国也应该借鉴西方国家的经验，推动我国风险投资的健康发展。

第六章 国外风险投资的模式借鉴

国外风险投资,尤其是西方发达国家的风险投资经过长期发展,其模式已经逐步得到发展和完善,西方发达国家高新技术成果转化的高比例、高新技术企业发展的高速度,与其大力鼓励和发展风险投资是密不可分的。本章分为美国的风险投资、欧洲的风险投资、亚洲的风险投资三部分。主要内容包括美国风险投资发展历程、美国的投资模式、美国风险投资模式借鉴等方面。

第一节 美国的风险投资

一、美国风险投资发展历程

现代意义上的风险投资最早起源于美国,美国也是目前世界上最主要的风险资本市场和风险投资发展最为迅速的国家。

(一)美国研究与发展公司的成立

一般认为,现代意义上专业化和制度化的风险投资形成于第二次世界大战后,以1946年美国研究与发展公司(AR&D)的成立为标志。新技术商业化需要大量资金支持,而新办企业很难通过传统融资方式,如银行贷款或公开发行股票获得资金。

成立AR&D时有三个目标:一是希望建立一种机制来吸引机构投资者,为新办企业和小企业解决融资问题提供新的方式;二是希望建立一个能够为新办企业提供管理知识和资金的机构;三是培养适合新型风险投资的职业经理人。然而,由于条件所限风险投资在20世纪50年代并没有得到迅速发展。

(二)小企业投资公司法

在AR&D成立后,美国一些富裕的家族也开始创设投资基金,向有增长潜力的新办中小企业投资,然而,资本供给远小于对资本的需求。在此背景下,美国国会于1958年通过了《小企业投资法案》(SBIA)。

《小企业投资法案》授权联邦政府设立小企业管理局(SBA),并规定经SBA审核设立的小企业投资公司(SBIC)可享受税收优惠和政府优惠贷款。根据SBIA的规定,小企业投资公司(SBIC)的发起人每投入1美元便可从SBA获得4美元的低息贷款。随着SBIA的颁布实施,美国风险投资业的第一次高潮应运而生。然而,由于制度缺陷和条件所限,小企业投资公司制度的运转并不顺利。

(三)有限合伙制

1940年美国《投资公司法》和《投资顾问法》规定,投资公司的投资者超过14人的,经理人不得接受基于业绩的报酬激励和期权形式的收益,以防止经理人为获取高额业绩报酬冒险投机。而有限合伙制风险投资机构的投资者往往少于14人,因此有限合伙人可以向普通合伙人提供基于业绩的报酬激励,从而吸引了许多经验丰富的职业金融家投身其中。在此背景下,有限合伙制风险投资机构在20世纪70年代逐渐兴起,成为风险投资机构主要的组织形式。

(四)风险投资蓄势和发展

1971年2月8日,美国全国证券交易商协会自动报价系统(NASDAQ)开始运行,不仅为中小企业,尤其是高增长的科技型中小企业,提供了上市筹资平台,也为风险资本提供了退出渠道。

1973年,美国风险投资协会(NVCA)成立。作为全国性的自律组织,NVCA在促进政府建立有利于风险投资业发展的税制、法律和政策方面做出了重要贡献。对风险投资业影响最大的法律变动是1978年美国劳工部对《雇员退休收入保障法》中"谨慎人"条款的重新解释。

1974年通过的法案曾要求养老基金投资时必须基于一个"谨慎人"的判断,将风险控制在相当的范围内,事实上禁止养老基金投资新兴小企业和风险投资机构。

1978年9月,美国劳工部对"谨慎人"条款重新解释为:只要不威胁整个投资组合的安全,养老基金可以投资于风险资本市场。尽管养老基金仅投入5%~6%的资金给风险投资,但由于其绝对数量很大,风险投资业获得了巨大的资本供给。

1986年,美国国会通过的《税制改革法案》规定,满足条件的风险投资机构投资额的60%免征收益税,其余40%减半征税。风险资本的大量供给,风险投资退出渠道的畅通,资本收益税率的降低,NVCA工作的有效开展,以及有利于险投资发展的若干法律和政策的实施，使得美国的风险投资业在 20 世纪 80 年代获得了巨大的发展。

（五）大繁荣阶段

1992 年，美国国会通过了《小企业股权投资促进法》，该法案在总结 SBIA 经验教训的基础上，对小企业投资公司以"参与证券计划"的方式给予融资支持。在该计划下，SBA 以政府信用为 SBIC 公开发行长期债券提供担保，债券的定期利息由 SBA 代为支付，只有当 SBIC 实现了足够的资本增值后才一次性偿付债券本金，并向 SBA 支付 10% 左右的收益分成。"参与证券计划"使得 SBIC 获得的资金具有了长期性，有效促进了 SBI 的复兴。同年，NASDAQ 小型资本市场设立，也称小盘股市场，其上市标准中对业绩的要求更低，为新兴小企业上市融资提供了平台，也为风险投资退出提供了更加便捷的通道。得益于上述法规和制度环境的扶持，同时受益于信息产业、生物工程和医药保健等行业的蓬勃发展，风险投资业在 20 世纪 90 年代呈现出极大的活力，并在 90 年代末进入极盛时期。2001 年，由于互联网泡沫破裂，美国风险投资业陷入低谷。在这种情况下，SBA 于 2003 年颁布实施了《新市场风险投资计划》，目的是使低收入地区的居民增长财富，增加就业机会，进而促进此类地区的经济发展。根据该计划，SBA 与符合要求的新成立的风险投资机构签订参与协议，为向低收入地区的小企业进行股权投资的风险投资机构提供担保。美国国会还于 2003 年通过了《就业与增长税收减免协调法案》，把资本利得税从 20% 降低到 15%，进一步刺激风险投资业的复苏。

二、美国的风险投资模式

（一）风险投资基金来源

风险投资基金来源大致可分为三类。

①私人风险基金，又称"天使投资人"。通常是富有的私人或家族集团，如 IBM、惠普等公司的高级主管由于股票上市大幅升值而成巨富，积累了大量闲散资金，他们对高科技行业一往情深，于是成立基金委托专家管理，投资于高科技创业公司，这类基金规模，一般在 5000 万到 5 亿美元不等。

②机构风险基金。主要来源于养老基金、保险基金等。这类基金规模较大，一般在 2 亿～30 亿美元之间。

③公司风险基金。大型科技公司拿出专门的资金转投于新的科技公司，如

微软和英特尔等公司都有专门的风险资金和管理部门,这类基金规模一般在1亿～10亿美元。

1997年美国风险投资的资金来源中养老基金高达40%,公司风险基金30%,个人和家庭13%。由此可见,随着传统型风险投资向现代意义上的演变,机构投资者成为风险投资基金的主要来源并在风险投资中占有越来越突出的地位。

(二)风险投资机构模式

风险投资机构以有限合伙制模式最为普遍,在这类投资机构中,有两种合伙人:有限合伙人和普通合伙人。通常有限合伙人负责提供风险投资所需的主要资金,但不负责具体经营,负有有限责任。而普通合伙人通常是风险投资机构的专业管理人员,统管投资机构的业务,并承担无限责任。

(三)风险投资运作方式

美国风险投资采取三位一体的运作方式,即投资者、风险投资公司、风险企业。

1. 投资者

投资者是资金的提供者。起先是富裕的个人和家庭,随着风险投资的发展,政府给予了种种政策支持,吸引了许多投资机构,包括企业、保险公司、外国资本、养老金、抚恤金、退休金等。机构投资者通过风险投资公司间接投资于风险企业。机构投资者为美国风险资本的主要来源。

2. 风险投资公司

风险投资公司是资金的运作者。其工作职能是辨认、发现机会,筛选投资项目,决定投资,退出。在风险投资公司向风险企业投入资金后,通常还要通过派人参加风险企业董事会,进行战略规划,提供管理咨询,必要时接管风险企业经营权利等方式保证其利益的实现。

美国风险投资公司的组织形式一般为公司制、有限合伙制、信托基金制。合伙制更为流行,称为风险投资有限合伙公司。在这种制度下,合伙契约的有效期约为10年。有限合伙人负责提供风险投资所需要的主要资金,但不负责具体经营,同股份有限公司的股东一样,只承担有限责任。普通合伙人是风险投资机构的专业管理人员,同时也对公司投入一定量的资金(据资料显示,两种投资者的投资比例大约为99%和1%),以其才能全权负责基金的使用、经营和管理。风险投资公司对于风险项目的选择、决策和经营,是非常谨慎的。

风险投资公司选择项目的标准如下。

①高增长，一年增长率高于15%，内部收益率大于25%。

②优秀的管理者队伍。

③理想的产品是具有较少的技术风险，具有能够获得高于一般的平均回报，同时有多次消费的机会。

④可以控制的技术风险和明确的目标市场，一般来说，风险投资者有兴趣的投资项目能够至少在世界范围内有10亿美元以上市场规模。

⑤良好的投资变现条件和机会。

一个风险投资公司，一年中接受提出申请参与投资的项目，大约在1万个左右，经过选择同意作初步接触的大约150个左右，大体上只占1.5%。在初步接触基础上做深入会谈的大约24～25个，真正同意参股签约的不到10个，即不到全部申请项目的0.1%。合同执行中，发现投资效益和项目开发前景不理想而中止执行的，大约每年有1～2个。

风险企业是资金的使用者，风险投资公司的投资对象。在完成风险投资流程中风险企业起着关键作用，风险企业的职能是价值创造。风险企业一般是高新技术企业，在美国的风险投资中，投向高新技术产业的比例达到60%以上。

（四）风险投资退出机制

投资者将资本投向风险企业的目的是得到高额回报，实现资本的增值。但如果手中掌握的风险企业的股份无法变现，投资者就无法收回投资，更无法实现资本的增值。因此风险投资的退出机制的安排是创业资本形成和发展的必要条件，是风险投资过程的一个必不可少的环节。没有退出机制就没有资本进入，也就没有风险投资的发展。一般风险投资会在3～5年内通过股权或产权交换退出被投资公司。退出是一种形象说法，事实上，资本的退出是资本实现流动性和变现性的一个通道。在美国，风险资本的退出通常采取以下三种方式。

1. IPO

在特定的股票市场上出售企业股票，收回投资。在美国，IPO是风险资本最主要的退出方式之一，约有30%的风险投资退出采用了这种方式。公开上市也是收益比较高的方式。与普通企业相比，风险企业通常具有资本资产偏小、企业经营不稳定、效益不突出甚至亏损，但未来预期较好、成长迅速等特点。这使得风险企业很难符合常规证券市场上市要求。

为了支持高新技术中小企业上市，目前国际上的通行做法是为这些企业专门设置一个有别于主板市场的二板市场。美国在 1971 年设立了专门为新兴中小企业服务的纳斯达克市场，目前该市场已经成为全球最大的股票市场。在该市场上市的股票中，高新技术类的股票占了近 35%。可以说，正是由于纳斯达克市场为高新技术企业提供了上市融资的机会，才使美国的高新技术产业得以飞速发展。

2. 并购

通常的做法是风险企业被一家大的优势企业集团以适当价格收购，风险投资公司通过与大公司交换股票退出风险企业。近年来，与国际新一轮兼并高潮相对应，采用并购方式退出的风险投资公司正在逐年增加。

3. 清算

如果发现所投资的企业成长缓慢、收益前景不好，风险投资家会决定清算。在美国，以这种方式退出的风险投资约占风险总投资的 30%。以清算方式退出通常会带来损失，一般仅能收回投资的 64%。但这种方式是必要的，因为沉淀于不良企业的资金会产生巨大的机会成本，与其被"套牢"还不如收回资金进行下一轮投资。

三、美国风险投资模式借鉴

（一）对人才的激励

基金管理者和风险企业创立者是两类关键的人才。风险投资基金的管理者通常称为风险资本家，是熟悉某一专业领域及管理的专家，他们不仅要凭其学识和经验从成百上千项目建议书中仔细筛选出有成功希望的项目，做出投资决策，还要参加其所投资企业的董事会，主要是进行财务监控（规范财务管理并对增资、停业、上市、出售等关键问题做出决策），同时协助该企业建立一个强而有力的管理核心，包括总裁（CEO）、技术总监（CPO）、财务总监（CFO）、主管销售的副总裁以及主管市场开发的副总裁等。

普通合伙人除了从每年的管理费（一般为基金总额的 2.5%）中支取工资外，更主要的是可从基金的投资收益中提取 20%，这就促使他们选好项目并加强对风险企业的管理，以尽力提高基金的投资收益。风险企业的创业者（企业家）通常只领取少量现金工资，但可得到普通股或其认购权。风险企业。

上市时雇员的股份一般可达 25%，其中 5 名管理核心约占 1/3，而 5 人中总裁的股份约占一半。

（二）风险企业的开拓与成长

美国风险投资的重点是信息技术和保健领域。风险企业从创办到上市或售出的全过程通常历时 3～7 年，分为初创、开拓、成长和成熟四个阶段，其所需的资金量也不断增加。在美国，初创阶段通常需要 300 万美元左右，以后各阶段所需资金大约是其前一阶段的一倍。因此必须要有充裕的初始及后续资金的支持。前两阶段由于风险较高（成功后其回报率也较高），故通常只由风险投资基金来支持。到成长阶段时可以取得一些机构投资者的支持，到成熟阶段时可以取得证券投资基金甚至银行的支持。

（三）政府政策法规的支持

为支持风险投资，改善投资环境，政府制定了相应的优惠政策，鼓励资本投入到风险大、收益高的高新技术领域。归纳起来主要有以下几个方面。

①税收优惠。对新兴产业的投资项目和从事高新技术开发生产的企业实行税收优惠是各国促进风险投资业发展的重要措施之一。

②信用担保。各国政府通过设立信用担保基金，对银行向高新技术企业的贷款提供一定比例的担保，鼓励银行向风险性较大的高新技术项目提供先期贷款，发挥银行投资主渠道的作用。美国由小企业管理局对小企业的银行贷款担保。

③财政补贴。各国政府采取财政补贴形式刺激企业发展风险投资业。美国里根政府在 1982 年签署了《小企业创新发展法》，规定研究发展经费超过 1 亿美元的部门应将预算的 0.3% 用于支持高新技术小企业的发展。

④政府采购。通过政府采购为技术创新活动开辟初期市场，对于促进风险投资和高新技术产业的发展是十分必要的。美国就制定了政府采购法，对高新技术产业及战略产业进行扶持。

（四）良好的市场经济环境

高收益是刺激风险投资发展的根本动力，而良好的市场经济环境和发达的金融市场给风险投资取得高收益提供了条件和渠道。风险投资的大量形成需要有一个有利于风险企业股权或股票转让的市场经济环境，这依赖于风险企业的股份制和发达的证券交易市场。股份制产权清晰，能明确界定创业者和投资者之间的利益分配，而股份或股权交易转让则可实现这种利益。因此发达的金融市场为风险投资业的发展创造了条件。而且为了使大量不具备上市条件的中小企业能进行股权交易，许多国家还专门建立了二板市场。这类证券市场以发行风险企业的股票为主，而且发行的标准低于主板市场，只要风险企业的规模和资金达到一定的标准就可以在这种市场上发行股票。

美国的OTC（柜台交易）市场以及在此基础上发展起来的NASDAQ市场就是为没有资格在证券交易所上市的高新技术中小企业的股票交易而建立的。二板市场的建立，一方面为风险企业直接融资提供了可能，另一方面也为风险投资的增值、撤出提供了渠道。对于风险投资的发展来说，如果说政府投资是输血，降低资本盈利所得税是养血，那么，二板市场的建立就是形成其自身造血机能。

（五）灵活的投资方式

这是风险投资分散和降低风险的有效途径。风险投资业的高投入、高风险特征不仅需要多渠道吸收资金，聚集充裕的风险资本金，保证风险资本的有效供给，增强抗御风险的能力，更重要的是针对高新技术风险投资过程中风险成因采取有效的风险防范措施，国际上通行的做法是组合投资和联合投资。

所谓组合投资是指风险投资公司在进行投资时往往将资金投向多个风险企业或风险项目，这样，如果一项投资失败还可以从另一项投资收益中得到补偿，以投资组合的经济效益来保证资金回收，以盈补亏，在维持收支平衡的基础上逐步发展。

而联合投资是指对于资金要求大的风险企业或风险项目，由多个风险投资公司共同投资，避免由一个公司孤注一掷。

此外，国外风险投资公司还从事风险投资以外的业务，开展如对高新技术企业租赁收购，承担高新技术企业证券发行等，以保障公司有其他稳定的收入来源，通过采取这种灵活多样的风险投资策略，尽可能分散和降低风险，增加收益，促使风险投资的稳定运转。

第二节 欧洲的风险投资

一、欧洲风险投资发展概况

欧洲风险投资业的真正萌芽，始于20世纪五六十年代。当时受到美国风险投资迅速发展的影响，欧洲的一些主要国家如英国、德国也开始出现小型风险投资公司，从事风险投资的业务。

第六章　国外风险投资的模式借鉴

自20世纪70年代以来，欧洲的经济出现了长期的停滞，其发展速度远远落后于美国和日本。究其原因是因为欧洲的经济发展战略出现了失误。其主要表现在两方面：一是忽视了科学的应用性，忽视了科研成果在具体生产中的实际应用；二是没有及时把握未来产业的发展方向，没有抓住新技术革命的机遇，迅速开发新技术，开拓新市场，从而造成经济结构调整缓慢。这造成新兴企业特别是高新技术风险企业的严重不足。经济的低速发展和高失业率，迫使欧洲的企业界和政府重新评价原来的经济政策和企业发展战略。为了鼓励风险投资和创办新企业，以提高就业率，欧洲各国采取了许多重要措施。例如，各国政府采取积极措施，通过减免税收、直接拨款补贴、提供优惠贷款和简化手续等办法，积极推动和引导风险投资公司和风险企业的发展。

虽然欧洲风险投资业的发展，与美国相比滞后很多，甚至不能与美国相提并论，但是20世纪80年代以来，在各国政府的一系列政策措施的支持下，欧洲的风险投资业也取得了较大的发展。为了形成统一的风险投资环境，克服因各国有关的法律、税制等不同而造成的障碍，欧洲各国政府还采取了一些联合行动，成立了欧洲风险投资协会（EVCA）。欧洲很多成功的风险企业是在风险投资的帮助下建立起来的。这些风险资金不断地涌入处于创业阶段的风险企业，而不是那些原来欧洲风险投资家偏爱的相对成熟的公司。整个欧洲风险投资在经历金融危机之后逐渐回暖反弹，其增长主要来自德国、法国、瑞典和以色列。

二、风险投资在主要国家的发展

（一）英国的风险投资

1. 英国风险投资历程

英国风险投资在欧洲国家中起步最早。20世纪60年代美国风险投资业的发展刺激了英国，从20世纪60年代后期到70年代石油危机期间，英国风险投资业异常活跃，由商人银行赞助设立的风险投资基金是20世纪50年代的两倍左右。20世纪80年代以来，英国金融资本在政府重点扶持高新技术公司的发展战略下，活跃在高新技术风险投资领域中。1981年成立的英国技术集团是英国官办的最大风险投资公司，该公司可以为公营部门提供长达20年之久的低息贷款。到1989年，英国风险投资也在全球投资了16.47亿英镑，成为除美国、日本以外的第三大风险投资中心。由于文化的差异，英国国民相对保守，缺乏美国式的冒险精神和创业家,80年代英国风险投资业之所以得到发展,与英国政府的重视和政策支持密不可分。

1990年以后英国经济陷入衰退,由于缺乏有经验的风险资本家以及投资回报率较低等原因,再加上一些大的管理层收购的失败,英国风险投资业受到明显挫折。许多机构投资者由于过度投资,进一步筹措资金遇到困难。但在经历了90年代初的短暂挫折后,在经济复苏、股票市场回升和管理层收购利好的刺激下,英国风险投资业又得到了快速发展。进入21世纪后,英国在风险投资领域仍领先于法国和德国,继续保持欧洲第一的地位。

2. 英国风险投资模式

英国的风险投资在西欧国家中起步最早,但过去发展一直较缓慢,真正实质性发展是在80年代以后。英国的风险投资几乎可以看作是美国风险投资的成功移植。

(1)英国政府对风险投资的扶持政策

1981年由英国企业局和国家研究开发公司合并创立了英国技术集团(BTG),在英国相当有实力,是英国最有影响的国有风险投资公司之一。自成立先后投资430个中小企业,累计投资额高达2.26亿英镑。BTG除了进行风险投资外,还对技术开发给予各种形式的支持。例如,帮助公营机构申请获得发明专利和生产许可证;资助大学生对一些有希望的但尚未证实的高新技术设想进行早期开发,并与一些大学共同安排高新技术实验项目,提供"种子经费"(在试验期可提供10万~30万英镑的优惠贷款);在大学设立高新技术奖励基金,一个奖励项目可得5000英镑奖金;不定期举办高新技术发明创造竞赛;帮助有技术专长的集体或个人开办新公司(包括办理开办手续和资金方面的帮助)。

此外,英国信托法还规定:将80%以上资产投于高新技术开发的投资公司或基金会,对其实行税收豁免。

1998年英国财政部又宣布两项鼓励措施:①向中小企业提供税收减免,减免额取决于这些企业的科学研究与试验发展(R&D)费用,以阻止这些企业因纳税而削减R&D开发;②对小型风险企业关键主管人员的股份给予税收优惠,以使刚开办的风险企业能吸引和留住优秀的经理。

在政府的支持鼓励下,尤其在英国政府的税收优惠和信贷担保政策的推动下,英国的风险资本迅速发展起来。在民间出现了许多股份制的或合作制的风险投资公司。

第六章 国外风险投资的模式借鉴

（2）英国风险资本的形成

英国风险资本来源于银行和养老基金，保险公司和公司投资者，以及私人投资者、政府部门、研究机构等。根据所有权或是资金的来源，英国风险资本市场的基金可以分为四类。

①清算银行设立的基金。清算银行是英国风险资本行业的先驱者，1945年由英格兰银行和主要英国清算银行发起成立的工商业金融公司（ICFC），提供包括权益投资在内的长期债务组合工具融资。1956年ICFC成立了技术发展资本部（TDC）专门从事技术类风险投资。

②投资机构支持的基金。英国主要的储蓄机构、商业银行等已日益认识到小型企业投资市场的巨大增长潜力，成立了大量的风险投资基金。这类基金可分为两类：一类是受控制型机构基金；另一类是独立风险资本基金。独立风险资本基金有两种形式：半受控制型基金——资金提供者分散，缺少具有显著控制权的股东，由股东们组建管理小组共同负责基础的管理业务；完全型基金——资金提供者很分散，也没有显著控制权的股东，但其管理阶层是完全独立于所有投资者或股东的第三方。独立风险资本基金通常是由一组经验丰富的个人风险资本家共同寻求若干家投资机构的资金支持后建立起来的。英国风险资本行业一半的投资来自独立风险资本基金。

③政府设立的基金。英国政府自70年代以来日益卷入了风险资本行业，主要集中于两个方面：通过立法（立法规定了基金的投资范围，税收优惠措施等），设立援助小型企业部门的促进基金，如贷款担保计划（LGS）基金和企业扩张计划（BFS）基金；直接建立全国性或地区性的国有机构。例如，1975年设立的全国企业委员会（NEB），主要目的是资助高风险的权益性企业——高新技术的起步企业、转型企业，以及拯救传统产业中危急的公司、若干地区性机构。

④公司及其他私人部门基金。公司风险资本的资金、管理阶层以及投资项目都源自公司内部，但后两者正日益趋向于采用与其他风险资本相似的方法以提高公司风险资本投资的营运效率和效益。英国的私人风险资本基金极少。

英国还兴起了科研型高等院校进入风险投资行业的浪潮，英国高等院校或通过直接建立独立型基金；或通过建立与其科学设施联系的科学园进入风险投资行业。

无论何种类型，风险投资公司必须依照法律行事，并接受英国贸工部、证券与投资委员会及授权机构的监督。

（3）英国风险投资的运作

英国的风险投资从风险投资的资金来源、风险投资公司的组建，到风险投资公司的选项、投资、管理及最后退出，整个过程及运行模式与美国很相似，比如为风险企业提供帮助，对技术问题和出口问题提出建议等。

①工业投资者公司。工业投资者公司（Investors In Industry），简称 3I 公司，是由英格兰银行和一些主要的清算银行于 1945 年设立的，有银行界的广泛参股，是英国最大的民间风险投资公司，在全国 25 个地区设有办事处，它的 2/3 资金投向小型企业，投资范围十分广泛，有高新技术公司，也有一般企业。3I 公司的投资方式主要有两种：发放支持技术发明和高新技术产品开发的企业支票，每笔支票 2.5 万英镑，如失败，则无须偿还，若成功，则 3I 公司要帮助资助企业再建一个企业，"3I"占一定比例的股份；支持大学研究成果的商业性开发，由"3I"的"研究公司"审核后，再由它帮助大学进行产品开发，投资额视项目而定，若失败则"3I"自己损失，若成功则"3I"占 40%的收益，60%归研究院或大学所得，在支付公司管理费后，"3I"又将所得部分以研究赠款方式回流到大学。

②向海外投资。英国风险投资公司不是将所有的资金投入英国本国的企业。

③开办具有二板市场性质的股票市场。英国为了替风险投资开辟 IPO 退出通道，先后建立了三个具有"二板"性质的股票市场。第一个未上市证券市场（USM）于 1980 年开始实施，目的是为没有资格上市的小公司提供一个正式、有管理的筹资场所，同时也为风险资本提供投资退出渠道。第二个是证券交易的第三市场（The Third Market），成立于 1987 年 1 月，目的是为了给不能在 USM 市场上市的股票提供一个正式的市场，以取代非正式的场外市场。第三个是另类投资市场（Alternative Investment Market，简称 AIM），成立于 1995 年 6 月，专门为小规模、新成立和成长型公司服务的市场，附属于伦敦证券交易所，AIM 有单独的管理队伍、规章制度和交易规则。由于上市的审查非常宽松，所以 AIM 发展比较迅速。英国的二板市场有两个特点：附属于主板市场，同时保持一定独立性；实行做市商制度，使投资者随时都可实现交易。

（二）法国的风险投资

法国风险投资始于 20 世纪 70 年代，最初只有几家服务范围很小的技术创新投资公司和地区股份协会。1979 年建立了一家资本规模很小的企业风险投资公共基金，风险投资注重于企业的改造与开发。80 年代，美国风险企业成功的范例对法国风险投资的发展起了很大推动作用，法国的风险投资有了长足发展。

第六章　国外风险投资的模式借鉴

1. 法国政府对风险投资的扶持政策

①增加国家财政对研究和开发事业的支持。将"国家科研成果推广署"用于技术创新的资金变成风险资本；加强技术保险基金，如国家财政拨款 10 亿法郎作为法国风险投资保险公司（SOFARIS）的保险基金，等等。

②对民间风险投资采取减免税措施。为了积极支持私人风险投资者，政府采取税收刺激，提高折旧率，加速折旧，以及提供部分风险投资担保（技术创新投资可获得 60% 的国家担保），在此政策措施的推动下，民间风险投资公司形成了一种行业，并于 1990 年成立了由 100 多家风险投资公司组成的行业协会，名叫"法国风险投资者协会"，以协调风险投资行业的行动，并采用合理的"联合投资"（几家投资公司投于一个项目）和"组合投资"（一个投资公司投于多个项目）的方式分散风险。投资主要倾向于计算机、生物技术和新材料等领域。风险投资额的飞速增加使法国在纯资本方面跃居世界第三位，仅次于美国和英国。

③开发场外交易市场。在原场外交易市场的基础上，重建场外交易市场，申请加入的条件更加灵活，更具吸引力，因此发展很快。

2. 政府支持的风险投资公司

法国政府以支持风险投资公司的方式，支持风险投资。在法国政府的提议下，1982 年成立了法国风险投资保险公司（SOFARIS），其初始宗旨是为中小企业创建和技术开发项目进行的风险投资提供保险，后来又扩大到技术转让、工业转产、国外投资等保险业务。

（三）荷兰的风险投资

提起风险投资，往往使人联想起硅谷的沙山街和纽约华尔街，国外活跃的风险投资大多也是来自美国。然而，追溯风险投资的历史，它事实上是发源于荷兰的海上贸易。荷兰的风险投资业不仅有悠久的传统，而且目前荷兰仍然拥有世界上一流的风险投资环境：最成熟的资本市场、宽松的法律环境以及政府税收政策的大力支持。

荷兰拥有比较完善的风险资本市场。现在大部分的投资活动是由私人部门进行的，尽管风险投资业的发展已经受到政府调节的影响。经过几年过渡时期的调整，荷兰的风险资本市场在过去的几年中已经走上了高速增长的道路。经过风险投资公司数量的一个爆炸式增长以后，在 20 世纪 80 年代末，荷兰的风险资本市场上出现了一次大规模的改组和浓缩，市场特征从此依赖于众多的风险投资公司，数量大约为50个。因此，荷兰的风险资本市场可以看成是一个竞争市场。

1. 荷兰风险投资业的沿革

荷兰的风险投资业一直在稳定地增长。荷兰的风险投资家可以进行任何数量的投资，比较小的投资大约20万荷兰盾，1000万荷兰盾左右的投资就很少见了。由于经济前景看好，以及乘数效用的增强，总投资额有望继续增加。

2. 荷兰风险资本市场的主要参与者

荷兰风险投资联合会是荷兰风险投资公司的保护组织，自从1984年11月27日成立以来，其成员随行业发展而增长，约占职业风险资本业界人士的90%。荷兰风险投资联合会为该行业的健康发展做出了很大贡献。它代表本行业处理与政府和其他大型机构的关系。

荷兰风险投资联合会包括会员和相关会员。经营业务能够为未上市公司提供权益资本的公司可以被吸收为会员。联合会有一个投票过程，会员资格取决于会员持有的已投资资本。自然人或法律从业者如果职业从事权益资本市场业务并且自身并非投资公司或政策制定者可吸收为相关会员。联合会的执行委员会将决定是否吸收新的相关会员，会员费每年设定。相关会员通常为会计公司、法律和税收咨询公司，在联合会内没有选举权。

荷兰风险资本市场主要参与者有以下3类：第一类是一些私有公司，这类公司由个人投资者设立，大约占整个市场的50%，其中75%的资金是稳定的；第二类是公众融资公司，这类公司通常由政府创立，其目的是为某些地区的发展进行融资，大约占整个市场的6%，政府有时也会在一些独立基金中占有少数股份；第三类是金融投资公司，这类公司由一些银行或保险公司设立并完全控制。

3. 退出机制

荷兰最流行的退出方式是商业购买。并购也是荷兰风险投资家的重要退出方式，但这个市场不是非常有条理。除此以外，主要证券交易所——阿姆斯特丹证券交易所的发展，使大公司的融资成为可能，其资本额的最低要求是1000万荷兰盾，运营5年且必须有3年的盈利。阿姆斯特丹新市场的成立，作为欧洲新市场网络的一部分，使荷兰风险投资商的退出机会增加。

阿姆斯特丹新市场特别为新兴的、有全球战略的成长型企业设立。同时 EASDAQ（欧洲证券经纪商协会自动报价系统，有希望成为相当于美国的 NASDAQ）的成立，也增加了退出可能性。

三、欧洲风险投资模式借鉴

为了形成欧洲统一的风险投资环境，克服各国法律、税制差异造成的障碍，欧洲各国的风险投资出现联合发展的趋势。1992年产生了欧洲风险资本联盟，目的不仅是促进风险投资行业发展，还为其成员资助成立的新公司打开国际市场。参加欧洲风险资本联盟的成员，获得了参加国际会议和交换有关风险资产情况的机会，他们也能用一个声音去疏通欧洲委员会，以求在整个欧洲经济共同体内有一个更加统一的法律和财政环境。

（一）风险合作计划

"风险合作计划"即欧洲委员会共同的一种计划，目的是帮助新兴公司在欧洲扩大，特别是鼓励进行跨越国界的合作。风险合作计划是欧洲风险资本联盟成功的显示。一般说来，风险资本辛迪加（支持者联合团体总称）是在一国之内形成的，但是欧洲委员会提出，如果资助开办和扩大新公司的国际辛迪加，它就会发放赠款，这种赠款的意图在于补偿投资者因语言方面的问题以及为绕过欧洲各国法律与财政制度方面的障碍而付出的代价。迄今为止，这种赠款很起作用，用于计划赠款的330万欧洲货币单位使整体投资额增大12倍。委员会表示，它将为任何项目提供最大限额为30%的赠款（由于风险投资公司竞争激烈，致使平均赠款额只有10%）。

风险合作计划支持了18个项目，包括生物技术、基因操作技术、电子学、工业自动化、建筑材料和体育设备等许多方面。欧洲委员会在资助新公司时，比较偏向小公司，认为小公司更具创新精神，值得伺机参加，鼓励欧洲风险资本联盟可通过向各项目提供风险基金的办法来支持它们，其成员的顾客应得到同国内外一些大公司合作的利益。

（二）形成从创业资本到股票上市的链条

随着欧盟科技活动的变化发展，技术转移和技术创新战略计划的实施，技术创新由单纯的企业行为变成由企业和政府融合的复合行为；技术创新的资金注入由单纯的市场机制转变为以市场为主、政府参与和引导的运行机制。

欧洲风险资本市场供应结构已发生了显著变化，各类风险资本构成了从创业资本到股票上市的链条,目前链条上还存在某些薄弱环节影响了整个系统的效率,但现在正改变这一状态,欧洲大部分国家都建立了"初期"或"平行"股票市场,以美国的场外交易为榜样,企业在这些市场上得到承认和经济的评价;同时,欧洲的一些银行和地区性基金乃至政府都策划加强链条中的某些薄弱环节。

第三节　亚洲的风险投资

一、日本的风险投资

(一)日本风险投资的发展历程

日本的风险投资是模仿美国而发展起来的。第二次世界大战后,在美国的影响和推动下,风险投资在日本得到了迅速发展。20世纪六七十年代,日本经济进入高速增长时期,风险投资主要集中于当时的主导产业——微电子、半导体工业,使日本的科技水平飞速达到世界一流。

日本风险投资业的第一次发展是在1972年左右,当时从事风险投资活动的代表性公司有8家。第一家风险投资公司是京都企业发展公司(Kyoto Enterprise Development,简称KED),紧接着是日本企业发展公司(Nippon Enterprise Development,简称NED),它是由日本长期信用银行和第一劝业银行等共同建立的风险投资公司,之后其他6家公司相继成立。这8家公司在一起代表了日本最初的风险投资业。日本的第一次从事风险投资活动的公司非常短命,许多参与这种投资的证券公司纷纷退出,这些风险投资公司很快就陷入严重亏损状态。

日本风险投资专家认为日本第一次风险投资业发展失败的主要原因是:①1973年和1979年石油危机和石油股票下跌,导致投资创办的小型高新技术企业运行的经济环境恶劣;②风险投资的先驱者们心有余而经验不足,他们既没有向美国学习,也没有直接在美国投资以获得经验;③日本金融管理部门对东京场外交易市场(Over-the-counter market,简称OTC市场)的注册要求很苛刻,原先的风险投资公司都削减了风险资金,而转向如租赁、代理、消费贷款等更为安全的投资项目;④这些风险投资公司大都属于大型的金融机构,如大银行和证券公司,缺乏在经济危机中所需要的做调整和做决策的自主权。

日本的第二次风险投资业发展繁荣期是在1982年左右。鉴于第一次的失败

第六章　国外风险投资的模式借鉴

教训，日本政府和风险投资家们进行了许多新的努力，改善了投资环境。例如，1980年的金融自由化使得日本风险投资更容易得到美国风险投资家的资金和建议，也增加了他们在美国的投资活动和投资经验。为了分散投资风险，第一次建立起投资合作伙伴关系。另外，日本金融部为了刺激风险投资业发展，放宽了东京证券交易所第二营业部和OTC市场的挂牌要求，认股权证更加自由化。

20世纪90年代初，日本第三次风险投资热潮又逐渐兴起。这次风险投资兴起的背景是日本经济深受泡沫经济崩溃及日元汇价提升的双重打击，期盼通过发展风险投资使经济脱胎换骨、东山再起以及开发21世纪的新兴产业。除了证券公司、商业银行之外，人寿及财产保险公司、一般生产企业，甚至大藏省、通产省、邮政省等中央政府机构和多种经济团体与地方公共团体亦积极支持风险投资的发展。

（二）日本的风险投资模式

在发达国家中，日本风险投资业的发展仅次于美国，是风险投资的第二大国。日本在其特有的经济金融体制、企业经营形态、社会文化及民族特性的影响下，风险投资的发展模式迥异于欧美先进国家。由于日本大财团或集团企业在日本经济体系中扮演极为重要的角色，中小企业并不发达，一般民众也习惯在大企业任职，因此日本形成了一个以大公司、大银行为主体的独特的模式。风险投资公司成员多半由金融机构委派，没有科学技术方面的人员，风险投资公司的功能以融资为主，多在企业发展中后期投资。

1. 证券及金融业主导了日本的风险投资

与美国的一般民营企业及个人积极介入创业投资不同，日本的证券及金融业主导了风险投资的发展。

①风险投资者具有金融机构的融资功能。日本的风险投资公司以提供融资为其最主要的功能，用自有资金开拓融资业务的颇多，融资金额大于投资金额。因此，风险投资公司在日本可视同金融业或投资业，投资对象倾向于风险不高者。日本风险投资的内部组织架构，通常是依据投资程序做功能性的区分，就投资企业的发掘、审查、投资执行、资金回收等业务设置专门单位，一项投资需通过各相关部门作业处理，这种分工作业方式效率较高。

②风险基金大半由金融机构提供。日本的风险投资公司由金融业投资设立者甚多，70%由证券公司、银行、保险公司投资，投资的资金约有3/4属于自有资金，以基金方式募集的资金仅占1/4，个人很少有出资。

③对所投资企业以提供资金支持为主。由于日本的风险投资公司多由金融业投资设立，金融业能对初创期企业提供经营支持的人才不多，因此，日本的风险投资公司对所投资企业以提供资金支持为主，经营技巧支持为辅，对企业的经营支持活动主要是股票上市和财务监督。

2. 银行将风险投资作为重要业务拓展

日本为促使经济早日脱离泡沫经济崩溃后的困境，提升日本经济的活力，把培育风险企业列为政府预算案的重点。日本银行业在饱受泡沫经济的巨大冲击，元气大伤之际，亦积极寻求开拓新的业务领域，不少银行将风险投资列为重要的业务拓展目标。例如三和银行、富士银行、安田信托银行、住友银行等，地方银行、信用合作社等地区性金融机构也相继进入培育科技企业的行列。

3. 日本政府积极支持风险投资

（1）风险投资企业中心

1975年在国际贸易和工业部推动下，成立了具有财团法人性质并具有官方形态的风险投资企业中心，以促进日本风险投资业的发展。对持有高新技术因资金不足，难于向商品转移的风险企业的R&D贷款中无抵押债务提供担保，解决资金的获得问题；对企业资格、申请的项目均进行严格考核，并对担保加以限制；开办研讨会、信息发布会，帮助风险企业搜集信息；组织各种交流活动，包括演讲、开研讨会，出版风险论坛、VEC年报，收集、加工风险投资公司的信息，对人员培养等对风险企业的R&D进行指导；帮助那些被认为实现商品化相当困难或者是易于被其他人视为无用的东西而弃之不理的技术得以应用；组织R&D企业与相关的国内或国外的团体接触并订立合作协议。

（2）政府支持风险投资发展的措施

随着日本经济发展的日趋成熟，80年代后半期以来日本企业创立日趋困难，主要表现在创业需要的庞大资金、高深的知识与技术难以满足，致使企业的关门比率远远高出开业比率。

日本政府支持风险投资发展的主要措施有：由国家出资设立风险投资支持财团，为中小风险企业提供融资；鼓励银行承做以知识产权为担保的融资，将知识视同土地、有价证券作为担保品；协助大学与风险企业举办技术交流会、共同研究会；扩大风险投资企业中心及产业基础健全基金对风险企业的投资和债权保证；制定新技术开发方面的法规以推动风险投资业的发展；成立二板市场。

二、韩国的风险投资

韩国遭受严重金融危机和由此引发的全面经济衰退后，有关各方一致认为，除政府干预过度、金融市场扭曲、企业经营不良和外资负担过重等表面的直接原因外，更深层次的原因是产业结构不合理和国家创新能力不强，国家经济因此失去危机抵抗力和持续发展的动力。金融危机爆发后，韩国政府在对以往经济发展作深刻反思的基础上，多方采取旨在加强国家创新体制建设的措施。

（一）政策基石

在大力加强国家创新体制建设的大背景下，在政府资金的引导及良好环境的培育下，韩国风险投资事业得到了迅速的发展，有力地推动了技术创新及高新技术产业化。

韩国政府首先对风险企业建立了认定制度，经过认定的风险企业可享受政府资金支持及各项优惠政策。对于已有一些经营活动的企业，其风险企业的资格认定由韩国风险企业协会和创业技术振兴协会共同认定。评审的条件主要有：R&D 费用占销售额 5% 以上；在全部产品销售中专利产品的销售占 50% 以上等。对于还没有经营活动的初创企业，韩国有 10 家分行业的评估机构，根据行业发展特征及前景进行评估。政府资金支持及各项优惠政策主要内容如下。

1. 资金方面

韩国政府在资金方面对风险企业提供的支持不仅力度大而且是全方位的，具体来说，有以下几方面。

对风险投资公司和基金直接进行资金支持，对风险投资公司的支持额度约为其注册资本的 5%～10%。该项政策早在 1986 年就开始实施，当时主要以资本金投入的方式（政府不参加董事会），1990 年以后改为借贷方式，目前在韩国共有 20 多家风险投资公司受到政府的资金支持。1997 年以后，政府为进一步加强对风险企业的资金支持，引导社会资本对风险企业的投入，政府对新设的风险基金可注资 30%，规定其 50% 的资金必须投资于风险企业。

另外韩国政府和新加坡、以色列政府共同投资设立了总额为 8000 万美元的韩国风险投资基金，主要对韩国风险企业进行投资，其中韩国政府出资 50%，交由新加坡以华人为首的管理团队组织运营。韩国政府希望通过这种国际的风险投资合作，以借鉴和引进国外风险投资成功的管理运作模式和经验。

韩国政府设立了风险担保基金，即技术信用保证基金。有关技术经政府评估机构——韩国产权交易所评估后，由该评估机构提供担保书，企业凭担保书向银行贷款。韩国政府设立了总额分别为2000亿韩元和500亿韩元的创业资金和技术开发资金，前者采用借贷的方式扶植创业企业，后者主要以无偿资助的方式对不具备上市条件的企业进行扶植，企业成功后，返还30%的资金。韩国政府出资500亿韩元成立了茶山风险投资公司，专门对种子期和创业期的企业进行投资，以弥补长期风险投资资金相对不足的局面。

2. 政府优惠政策方面

韩国政府为刺激风险企业的发展，针对风险企业、风险投资公司（基金）、风险投资者都制定了相应的税收优惠政策。韩国政府制定并颁布了《风险企业育成特别措施法》，对风险企业和创业企业做出了许多特殊的规定。韩国《商法》规定企业注册资本的最低限为5000万韩元，而《风险企业育成特别措施法》规定风险企业注册资本可为2000万韩元；政府对孵化器的用地给予了特别优惠政策，风险企业进驻孵化器后可间接享受政府提供的这方面的优惠，目前韩国共有孵化器近300家；大学教授可兼职或停职3年去创业，年轻男士去创业可以免服兵役，等等。

3. 风险资本市场方面

韩国现有非常完备的证券交易市场体系，有传统的证券交易所、创业板（KOSDAQ）市场、第三市场、场外市场和并购市场等。作为风险资本撤出的主战场，创业板市场于1996年由韩国政府设立，韩国产业资源部占有其20%的股份，其交易机制类似于纳斯达克市场，采用了较为先进的电子交易撮合技术。在创业板市场上市的有一般企业、海外企业和风险企业。对风险企业的申请上市采用非常宽松的条件，同时对风险企业上市交易的税收及各项费用进行减免。1999年风险企业开始在创业板市场上市，其市场的交易额将超过韩国传统的证券交易所。

（二）给予税收优惠

给予创业企业、风险投资机构（基金）及个人全方位的税收优惠。韩国税法规定，创业企业可减免2年内50%的国家税、所得税和法人税，全免2年内的地方税、取得税和注册税。对风险投资公司（基金）的税收优惠主要有：收入按来源不同，实行分离课税，减免证券交易税和地方税。此外，对在韩国创业投资企业工作的外国专家给予5年的个人所得税减免。对风险投资者的税收优惠有：个人投资者所得税减免30%，资本利得税减免100%；法人出资者通过费用认定进行抵免。

（三）构建天使投资网络

韩国民间资本对风险投资的发展作用不容忽视。自从 1999 年以来，民间资本大量投入风险投资领域，民间资本或与政府合作共同投资风险投资基金，或独立成立风险投资公司或风险投资基金，或与大企业、大银行、证券公司开展风险投资业务。在民间资本中天使投资网络是一支非常重要的力量，即个人投资者自己寻找创业企业进行投资或通过"个人投资者俱乐部"对前景看好的创业企业进行投资。

三、新加坡的风险投资

新加坡的风险投资是 1984 年开始的，它的标志是 1984 年新加坡通过了一项立法，给予以风险资本建立的高新技术公司免税 10 年的待遇。新加坡的风险投资以政府为主体。

（一）经济发展委员会

新加坡风险资本最大的投资者就是经济发展委员会（EDB）。EDB 投资 6500 万美元，建立了 EDB 投资有限公司，专门资助具有战略性的高新技术产业的发展。该公司在美国的投资已占其投资总额的 50%，其目的在于从美国获得新技术。

EDB 最具诱惑力的投资项目是"国民生物工程控制计划"。EDB 为新加坡标准与工业研究所和新加坡国立大学合作兴办价值为 660 万美元的食品生物技术中心提供 480 万美元的资金。EDB 还投资 2000 万美元设立了一个生物技术投资公司，主要为国内外生物技术公司提供资金，该公司已经开始了多个投资项目，并在美国加州建立了一个子公司。

新加坡一家主要的风险投资公司，即东南亚风险投资公司是美国和荷兰共同开办的。这家外国风险投资公司以 3500 万美元的资金与亚洲国家的风险投资公司一起进行风险投资活动。

（二）国家科技委员会

国家科技委员会（NSTB）作为风险资本提供者，其最大的受益者是海洋技术公司，该公司从 NSTB 获得补助金 33.25 万美元，用于快速存密纹光纤唱片存储系统的开发。另一位受益者是拉蒙尼克公司，该公司接受 NSTB 提供的 12.1 万美元，用来开发计算机绘图用的产品模型彩色图像处理系统。这一切都表明，新加坡总额为 6 亿美元的风险资本的投资效益是显而易见的。

第七章　企业风险投资的成功案例

企业风险投资资金提供方是非金融实业公司，最大的特点就是完成母公司的战略布局，可以给母公司带来更高的战略绩效，有利于被投资的创业公司发展和创新。目前，有很多企业风险投资都取得了不错的成绩。本章分为搜狐的融资成功之路、灵图的融资成功之路、和而泰的融资成功之路、佳美口腔的融资成功之路、京东的融资成功之路五部分。主要内容包括：搜狐的融资之路、搜狐融资成功的启示、灵图的融资之路、灵图融资成功的启示等方面。

第一节　搜狐的融资成功之路

1996年8月，张朝阳创建爱特信公司。1999年7月，推出全文检索的中文搜索引擎，其英文名称改为SOHU。1998年2月，推出"搜狐"（SOHU）的搜索引擎。2000年7月，在美国纳斯达克挂牌上市，也是通过"协议控制模式"的上市公司。

一、搜狐的融资之路

张朝阳对"搜狐"的评价是：几乎走完了从借助风险投资启动到日益发展成熟的全部过程。

1996年，张朝阳利用回国担任美国互联网络商务信息公司（ISI）驻中国首席代表的机会了解国内市场状况。他发现1996年中后期，美国的互联网发展非常快，而中国却几乎是一片空白，只有几家刚起步的小公司从事互联网业务。当时，中国网络建设面临许多问题，其中最突出的问题是中文信息严重匮乏，国内真正能提供中文信息内容服务的ISP（Internet服务提供商）寥寥无几，90%以上的ISP只能提供简单的Internet接入服务。

张朝阳看好国内市场的发展前景，并决心在国内创业，但首先遇到的问题是没有资金。他向美国著名风险投资专家爱德华·罗伯特求援，两人共同分析了中国市场，并写了一个简单的商业计划提交给风险投资人——尼葛洛·庞蒂，不久即争取到几十万美元的起步投资，由此成立了爱特信公司，成为中国第一家以风险投资资金建立的互联网公司。

公司运营一年后，走过了谨小慎微运作的初创阶段，于1997年取得英特尔公司的技术支持，推出了"SOHU"网上搜索工具，并于1998年独家承揽了"169"北京信息港整体内容设计和发展的任务，发展速度很快。

1998年2月爱特信公司正式推出"搜狐"品牌，又与世界著名的几家风险投资公司接洽，他们踊跃投资，顺利达成了第二期风险融资意向。

从1999年开始，搜狐积极筹划上市。2000年7月在美国纳斯达克挂牌上市。从创建到上市，搜狐共经历了四次融资。第一次是从罗伯特、尼葛洛·庞蒂及罗伯特的学生处融入22万多美元的"种子资金"，在资金几乎断档之际，借助"桥梁"风险投资筹到了第二笔为数215万美元的融资，之后在1999年相继融入600多万美元和3000多万美元，而且最后一笔仅以出让8%的股份为代价。这种分阶段、每个台阶不高也不低的融资过程是后来"搜狐"股权结构比较稳定的一个重要原因，这保证了公司稳定长远的发展。

2020年全年，搜狐总收入为7.5亿美元，较2019年增长11%。其中，品牌广告收入为1.47亿美元，较2019年下降16%；在线游戏收入为5.37亿美元，较2019年增长22%。由此可以看出，搜狐的游戏业务依旧表现亮眼。

二、搜狐融资成功的启示

（一）明确的治理结构

公司在成立之初就应该借助律师将明确的公司治理结构确定下来，并力争在所有合作者之间确立一个都能够认可的"公平"原则，以免成为以后发展的障碍。

（二）完备的商业模式

应避免对产品和技术的超常重视而忽视规划商业模式的重要性，因为很多风险投资家十分重视商业模式，创业者要准备一个相对完备的商业模式。

（三）不迷信国际化

在国际大公司有从业经验的人，不一定是最合适的人才，因为文化、观念上的冲突，在沟通、决策等方面可能会存在风险，从而影响公司早期的生存。中国是一个非常特别的市场，那些从底层一步步奋斗的人往往对公司来说会更合适，而且公司付出的成本会更低。

（四）完善的投资体制

搜狐的成功展示了开展国际融资的一种新途径——引入海外风险投资，它的意义在于，开辟了一条将海外风险资本运用于国内的新途径。在我国高新技术产业资金投入不足的情况下，探寻一条适宜的融资途径，建立一套完善的投资体制是创业者寻求的目标。

第二节　灵图的融资成功之路

一、灵图的融资之路

（一）第一轮融资

2000年，灵图获得了北京科技风险投资股份有限公司的第一轮融资680万元人民币，占灵图25%股份；香港陆广达投资公司的一位个人投资者以120万元的代价获得了5%的股份。正是凭借这些投资灵图进入了快速发展期。

（二）第二轮融资

2004年初，戈壁创投入股灵图；年底，日本最大的移动网络运营商多科莫（NTT DoCoMo）出资数百万美元参股，两家各占灵图百分之十几的股份。

两轮融资过后，原北京科技风险投资股份有限公司持有的股权被新的投资机构置换，成功退出。

对于灵图来说，拿到NTT DoCoMo的投资，出让一小部分股权，不但获得了扩张发展所急需的资金，更借此打开了日本市场。唐宁浙认为，灵图的产品在技术水平上已经和日本同行不相上下，甚至在某些技术领域超过了日本同行，同时拥有成本、价格上的优势，在日本市场上很有竞争力。

（三）第三轮融资

2005年，通过戈壁创投的牵线，灵图与IBM创业投资部结成了合作伙伴关系。2006年7月，IBM宣布帮助灵图在一年内实现了30%的客户基数增长，并且使灵图基于Linux的解决方案开始成功地进入了国际市场。

（四）第四轮融资

2006年5月，灵图获得由戈壁创投牵头的第四轮3000万美元投资，与前几轮融资时采取的方式略有不同。前几轮都是定点和一家谈，现在是多家VC机构一起来谈，参与竞标的VC机构非常之多，最后进来的也是一个"团队"。李仲亮表示，这笔资金将被用来进一步拓展公司在绘图、软件、市场、销售和研发方面的团队力量，其中大量的资金将用在扩充公司的绘图和地理数据库等方面。此外，由戈壁创投牵头的强大的投资集团不仅将帮助灵图提高市场份额，而且还将从经验和策略上帮助灵图开拓区域市场。这无疑对企业的发展具有里程碑意义。

"一般企业在经历了2~3轮融资后就会上市，而灵图目前已经完成了4轮融资。"李仲亮称，"这次我们放手的股权依然是百分之十几，但目前我们是相对控股。"

测绘等行业是受国家严格管理，不允许外资进入的。因此，灵图是将允许外资进入的业务进行剥离，组建了灵图星讯科技有限公司作为融资平台。灵图软件本身仍然是一个符合国家测绘法规要求的全内资公司。

二、灵图融资成功的启示

（一）开放的心态

开放的、愿意交流的团队永远会受风险投资机构欢迎。"术业有专攻"，创业者必须把眼光放长远，做自己擅长的事情，把自己不擅长的事情交给别人做，善于借助外部的力量。

（二）保持自己的核心

灵图可贵的一点就是"对自己做的事情保持着专注和自信"。在接触风险投资的时候，创业者要对自身有尽量客观、准确的认识。没有清晰的发展思路，对行业不够了解，盲目地照抄别人的模式，单纯地为了吸收资金而偏离自己的发展方向，放弃自己的"核心"，有时候是得不偿失的。真正的核心竞争力还是在于创新，要有自己的对公司整体发展的想法。灵图一直都保持着对技术的执着，这是最宝贵的东西，也是VC机构眼中灵图最被看好的东西。

（三）行业发展潜力和技术实力

投资一个项目首先要看行业。有发展想象空间的行业远比一个成熟、封闭的行业有吸引力。灵图不仅处于一个极具潜力的行业，而且有强大的技术实力。在这一块代表未来发展趋势的市场，灵图目前占据了 80% 以上的份额。

此外，灵图在 GPS 相关的无线增值服务以及在互联网上推出的本地搜索服务等领域都处在行业前沿。如此看来，成熟的行业，正确的团队，灵图和戈壁创投等风险投资机构的"姻缘"，自然是水到渠成的事情。

第三节 和而泰的融资成功之路

一、和而泰的融资之路

（一）第一轮融资

2000 年，和而泰公司注册成立，一期投资 500 万元，其中深圳清华力合创业投资有限公司（以下简称"清华力合"）出资 100 万元，占 20% 的股份，哈工大的无形资产占 10% 的股份，和而泰创始人刘建伟教授占 70% 的股份。

成立不久的和而泰，"不鸣则已，一鸣惊人"，在海尔家电的一种新产品研发招标中，凭着过硬的技术，击退了其他的竞争对手，在海尔打响了第一炮。随后，海尔各事业部的订单就如雪花般飞到和而泰。一年下来，和而泰的销售额扶摇直上，当年的营业额就达到 3000 万元人民币，实现利润 200 万元。除了海尔，和而泰的客户还包括国内很多知名的家电制造商，产品供不应求。为了扩大生产规模，满足市场需求，和而泰实行了第一轮增资扩股，清华力合追加投资到 400 万元，将在和而泰的股份提升到 24.9%。

完成第一轮增资扩股后，和而泰的生产规模得到扩大，产品销售额不断上升，资金链却越来越紧张。原因在于当时中国家电市场在发展过程中出现的价格战、货款拖欠、产销间矛盾升级等种种问题。国内外家电企业为争夺市场份额进行激烈的价格战，很多家电企业利用拖欠上游供应商的货款实现资金的多次循环。大企业拖欠小企业货款、下游企业拖欠上游企业货款、企业之间相互拖欠，赊账像瘟疫一样在行业内蔓延。大量的欠款造成和而泰几乎难以为继，凭借清华力合的 1000 万元的贷款担保，才暂时渡过了难关。

2002 年和而泰的营业额达 1.2 亿元，利润上升到 920 万元。但是，表面繁荣的背后，客户大量占用货款这种问题一直得不到有效的解决。与此同时，上游供货商与家电企业的矛盾也在不断加深。国内某家电行业巨头因为每年的采购额占

第七章 企业风险投资的成功案例

和而泰全年销售额的85%，对和而泰指手画脚。

恶性竞争的市场，受人牵制的苦楚和财务的危机促使和而泰管理层于2003年决定快刀斩乱麻，撤离当时非理性的国内家电市场，全面终止和国内家电企业的合作，由内销向外销做全面的战略调整。这一招破釜沉舟，使得和而秦在3个月之内几乎没有客户上门订货，但同时，和而泰又辟开了另一条阳关大道。在与伊莱克斯频频接触，帮他们攻克一系列技术难关之后，和而泰正式与伊莱克斯建立了合作关系，开始从国际同行霸主虎口夺食的新征程。

随后，和而泰与松下、GE（通用电气）等多家国际巨头展开合作，并从世界控制器领域中的老大——美国爱默生集团手中抢走伊莱克斯每年几亿美元的大单。由于和而泰的产品研发周期短、价格便宜，而且质量稳定，国外家电巨头纷纷把采购对象转向和而泰，和而泰迎来了发展的大好时机。继续引入风险资金，优化股权结构，扩大生产规模的计划摆上了和而泰决策者的案头。

（二）第二轮融资

实际上，早在2002年，达晨创投就在关注着和而泰的发展，从多方面对和而泰做了充分的了解。达晨创投在审慎调研之后发现，尽管和而泰在技术、产品、团队方面都存在优势，但该行业国内账款拖欠的问题非常严重，潜在的财务风险太大。在和而泰战略转型的过程中，达晨创投对其再次评估，感觉此时介入和而泰时机已经成熟。

2004年3月，达晨创投对和而泰注资600多万元，占和而泰20%的股份。但由于公司生产规模的进一步扩大，尚有约1000万元流动资金缺口，和而泰靠银行贷款维持着周转，虽然资金链比较紧张，倒也过得去，业务也在快速扩张。"屋漏偏逢连夜雨"，进入2004年，宏观经济运行中仍然存在投资需求进一步膨胀、货币信贷增长偏快、通货膨胀压力加大等问题。

2004年4月25日，中央银行使出撒手锏——存款准备金率由7%提高到7.5%，一时间，金融机构的信贷几乎陷入了停顿状态。和而泰无法从银行获得流动资金，这一下，让和而泰原本就脆弱的资金链几乎断掉。此时，和而泰已经要到了"崩盘"的地步。

欠供应商的货款无法兑现，员工的工资快发不出，整个公司上下弥漫着一股悲观的气氛。和而泰的管理层觉得已经无法再继续支撑下去了，一度曾经想卖掉公司，而当时也有国外公司愿意低价购买和而泰。对达晨创投来说，刚刚投入资金就低价转让被投资公司，显然是难以接受的，但继续给和而泰注资"输血"，和而泰万一破产，损失就更大了。

经过考虑，达晨创投选择了留下，投资经理一方面与和而泰的管理层积极沟通，振奋士气，另一方面利用自己的资源为和而泰争取银行贷款。在获取银行贷款之前，达晨创投还先借给和而泰500万元以帮助其缓解资金紧缺的困难。

经过半年的努力，达晨创投终于通过多年来和金融界建立的良好合作关系和品牌优势，以担保贷款的方式从深圳华夏银行获得600万元的贷款。和而泰在这笔资金的帮助下，转危为安。

（三）第三轮融资

2005年，和而泰进行了第三轮增资扩股，长园材料股份有限公司以投资1050万元持有和而泰15%的股份成为第三大股东。清华力合和达晨创投各占20%股份，和而泰的创始人刘建伟依然是和而泰的第一大股东。完成这轮增资扩股后，和而泰的流动资金进一步得到充实，股权结构也更加清晰。

2005年下半年，通过达晨创投的介绍，和而泰开始与外资银行接触，当年底，和而泰顺利获得了渣打银行90万美元的滚动贷款授信。资金不再成为和而泰发展的瓶颈。

2006年，由于和而泰对短期循环贷款还款及时以及业务进一步做大，渣打银行将其对和而泰的授信额度由90万美元增加至120万美元。渣打银行带来的示范效应，使外资银行纷纷对和而泰伸出橄榄枝。恒生银行给了和而泰2000万港币授信，中银香港也准备给和而泰800万港币的贷款授信，和而泰成为银行眼中的"香饽饽"。

到了2020年，和而泰实现46.66亿元的营业收入，同比增长27.9%，实现净利润3.96亿元，同比增长30.5%。其中，健康医疗大幅增长，助力新冠肺炎疫情恢复；电动工具智能控制器业务快速增长；家用电器智能控制器业务稳步增长，业务结构持续优化。

二、和而泰融资成功的启示

（一）优秀的团队

和而泰依托清华大学和哈尔滨工业大学两所中国知名大学在科研和人力上的资源支持，研发人员中有教授、博士及资深工程师80多名，他们曾经开发了中国第一套低成本商品化网络型冰箱控制系统、第一套直流变频冰箱控制系统等。这些人才是一般创业型公司所不能比拟的。

（二）领先的技术

和而泰是中国规模最大的家电智能控制系统设计、制造企业，拥有国内外一流的开发环境，它在网络智能控制系统、语音识别等领域的技术已经达到国际一流水准，得到广泛认可。国内虽然也有竞争对手，但是由于产品线比较庞杂，没有和而泰在家电控制器领域如此专注和专业。

（三）转型后货款有保证

和而泰转型后，不仅与国外优秀电子元件供应商成功建立起长期良好的合作关系，而且在与伊莱克斯建立起合作关系以后，不断创新技术，在白色家电的智能控制上取得多项突破性进展，因此，和而泰的产品不仅不愁销路，而且货款回收也较为顺利。

第四节 佳美口腔的融资成功之路

一、佳美口腔的融资之路

（一）佳美口腔的成立

1993年，28岁的刘佳作为佳美集团董事长，掌管着佳美集团下属的横跨12个行业的20个子公司，其中集团的主营业务——房地产，甚至和大连万达齐名。一次去看牙医的经历让善于思考的刘佳意识到，口腔医疗业务一定会"生意兴隆"。于是，他决定开办一家口腔专科医院，就是这个不起眼的业务，半年就收回了全部投资，是当年集团所有业务中回报率最高的。尽管这对庞大的佳美集团来说顶多是一个边角料，但正是这个无心插柳的结果——口腔医疗业务，却在两年后直接决定了刘佳对佳美集团未来业务发展的定位。

（二）佳美口腔的市场定位

1996年，横跨多个行业的佳美集团的盈利情况并不乐观，除了房地产业务还有较高回报外，其他业务中只有口腔医疗业务盈利。刘佳决定选择这个行业作为未来的业务发展方向。也正是这一年，当时的卫生部正式允许民营资本进入医疗行业，这让刘佳大为振奋，刘佳的初步规划是通过增开医院逐步占领市场，然后再集中资金和力量，开一家大规模的口腔专科医院。他下定决心将佳美集团逐步从其他行业中退出，专注口腔医疗业务。

1997年，在众人不解和反对的议论声中，刘佳毅然从佳美集团的盈利主力——房地产业务中退出，从紧收缩了其他一系列业务，但加大了对口腔医疗业务的投入。此时，刘佳在大连已经累计开了4家口腔医疗医院。然而，生意并没有预想的顺利。于是，刘佳将目标客户锁定为30岁左右、受过良好教育、对服务质量有更高需求的年轻白领阶层。这部分人代表着潜力最大的中端市场，他们才是佳美口腔的理想客户。为契合这一市场定位，佳美口腔将业务比例调整为60%牙齿美容，包括洗牙、种植、烤瓷、铸造、美白等，40%为治疗业务。

（三）佳美口腔的经营模式

经过对佳美口腔医疗业务的特征分析，刘佳认为，口腔医疗业务事实上是可以用连锁的方式进行经营的，比起现在以增设单体医院的方式，连锁经营是一种成本低、收益高的经营方式。

1998年，佳美集团的业务只剩下5个行业，刘佳把大收缩以后剩余的3000万元全部投入口腔医疗业务，又开设了两家门诊，将已有的口腔医疗医院进行连锁模式管理。

（四）佳美口腔的融资历程

2006年的上半年，佳美口腔诊所的数目达到了50家。2006年9月8日，佳美又开设了10家门店。在中国民营口腔医疗行业，佳美口腔在门店数量和资金、人员规模上已经稳居全国第一位。

2007年6月，十余年的苦练终成正果，佳美口腔以十年内未发生任何医疗事故的成绩，拿到了国内医疗行业第一个连锁经营执照。这既是政府对佳美口腔的质量认证，也让60余家门店终于统一用上了佳美口腔的名字，更为佳美口腔顺利获得融资增加了一个关键的砝码。

2007年8月6日，佳美口腔选择马丁可利和海纳亚洲为其首轮私募合作伙伴，共融资1000万美元。两家创投机构认为，随着中国居民生活水平的提高，中国口腔医疗行业将是一个庞大的、极具潜力的市场，他们愿意与佳美口腔共同享受中国经济发展带来的利好。

佳美口腔始建于1993年，在医疗行业沉淀了28年，佳美口腔这把"利剑"将继续披荆斩棘，一路前行，守护国人口腔健康，全面开启"三化发展"模式，为"健康中国"战略实施贡献新的力量。

二、佳美口腔融资成功的启示

（一）快速跟进服务质量

快速扩张需要服务质量的快速跟进。扩张只是连锁经营的一个表象，连锁经营更需要整齐划一的一流服务品质。

（二）具备多行业经营管理能力

横跨多个行业发展所需要的不仅仅是财力、物力，更重要的是要具备多个行业的经营管理能力，与其同时开展多个管理不善的业务，倒不如专注于某一个有前景、有把握做好的领域。

（三）具备实行连锁经营模式的条件

要想得到连锁经营的诸多好处，必须要满足连锁经营模式的条件要求。连锁经营模式必须有可同类复制性，这就要求有标准化的管理体系。

（四）具备完善的风险控制机制

佳美口腔有一套应对连锁经营的风险控制机制，这套机制既是风险控制的利器，也是佳美口腔人才队伍建设和维持的秘诀，基本实现了佳美口腔管理的规范化、制度化、标准化，并具备了快速复制的条件。

（五）促进创业投资企业规范化

加速投资企业健康成长的重要环节是，促进创业投资企业运作的规范化、制度化和标准化。这样才能保证企业在管理运作水平、产品标准和服务质量等方面处于优势的位置，便于在市场竞争中取胜。

第五节 京东的融资成功之路

一、京东的发展历程

京东于 2006 年 11 月 6 日在英属维尔京群岛注册，并于 2014 年 1 月在开曼群岛作为豁免公司重新注册，更名为京东。发展至今，京东已成为目前中国最大的自营式电子商务企业，且在中国自营式电商市场中占据过半份额，以绝对优势领先。同时也跻身中国互联网企业第一梯队，在2017年度股价一度要赶超BAT（中国三大互联网公司：百度、阿里巴巴、腾讯）中的百度，高达719亿美元。成立至今，京东一直以向用户提供优质的在线购物服务为目标，以同网具有竞争优势的价格，品类最全、品质最优的商品和服务及自身优质的物流服务顾客。2018年，京东主要销售品类包括数码产品、服饰配件、家用电器、生活用品、食品、书籍等十几大类，京东自营以及第三方平台上已经有超过20万家国内外品牌商家，交易额也高达一万多亿元。

2007年，京东初建自身物流体系。于同年7月建成北京、上海、广州三大物流体系，总物流面积超过5万平方米。发展至今，京东的优质物流服务也为京东商城在全国激烈的电商竞争中立下不少功劳。

目前，京东物流已拥有550多个仓库，仓库总面积超过1200万平方米，直接支持配送超过2000个县城。而不同于初建时的连年亏损，2019年财报显示，其营业收入同比增长了100%，服务客户总数超过20万家。同时，京东也是技术驱动型的企业。从成立之初，京东就在开发以电商应用服务为核心的自有技术平台方面投入巨资。而在2019年，京东在技术支出方面，更是比去年同期投入增长了96%。目前，已实现数十万家线下门店数字化升级。通过运用京东智能供应链和门店科技，为线上线下消费者提供更加优质的用户体验。

二、京东经营的SWOT分析

通过SWOT分析法归纳京东的经营状况，分析其发展过程中碰到的困难，为制定营销策略提供理论基础。

（一）经营优势

京东品牌价值的基础是正品，京东商城产品有良好的口碑，使消费者对企业产生了一定的信赖。经过多年的优质发展，京东商城有着数量十分庞大的供应商，带来了品类十分齐全的商品，这就满足了各类用户的购买需求，为京东带来了巨大的点击率和访问量，其买家的注册数量以及购买数量在我国网购平台中牢牢占据第一的位置。京东自建物流体系，一般能达到"今日达"或"次日达"。京东商城的物流定位准确，能够及时反馈客户订单的位置状况，已经达到了行业内最快的配送水平，所以能在最短时间内把商品送到用户手中。京东一流的物流体系，从速度、费用到效率、服务满意度都得到了用户的认可，运输费用的降低在一定程度上节约了经营成本，京东完善的售后也是其吸引回头客的主要原因。同时，人才战略是京东赖以发展的保证,这使京东在服务和管理上都能跟上时代的节奏,所以人才储备工作十分重要。

1. 京东物流

京东物流是全球唯一拥有中小件、大件、冷链、B2B(企业到企业的电子商务模式)、跨境及众包六大物流网络的集团公司,同时在全国范围内拥有超过550个物流中心,运营了20座大型智能化物流中心"亚洲一号",是亚洲范围内建筑规模最大、自动化程度最高的现代化物流中心之一。京东物流基础设施面积超过1200万平方米,是全国拥有最大规模基础设施的物流企业。京东仓储物流在规模布局、业务范围、短链物流、物流服务和物流智能化等方面都处于电商行业的领先地位。

2. 京东金融

京东金融是京东数字科技的二级子品牌,包含京东数字科技集团的金融业务板块:个人金融、企业金融、金融科技等。京东金融为个人和企业提供了可信赖的、高效、普惠的数字金融服务。京东金融与中国银联形成战略合作,共同打造"金融+互联网"开放式的生态圈。京东金融在支付、融资、理财、消费者信用贷款等功能,涉及供应链金融和企业融资。

3. 京东云

京东云是京东的云计算综合服务提供商,拥有全球领先的云计算技术和完整的服务平台。随着京东基础云、数据云两大产品线,京东电商云、物流云、产业云、智能云四大解决方案以及华北、华东、华南三地数据中心的正式上线,京东云的建设使京东不必再依靠外部数据云服务商,可以防止企业数据外流,通过分析企业的各个部门的运营情况帮助企业未来的发展。京东云不断深入数据分析行业使京东版图越来越多样化,可以通过有偿出售服务获取其他企业的资金流入。

京东作为零售商和零售基础设施服务的提供者,从垂直转型为开放模式,开放物流、服务等基础设施来赋能新兴电商,在不断完善自身业务的同时,也给其他电商和企业提供服务,建立了新的电商生态。

(二)经营劣势

京东的劣势是运营成本太高,人工服务比例需要提高。大多数互联网公司都以轻资产闻名,目标是快速发展公司。京东目前的重资产模式是其发展的威胁。

首先,上市之前的京东已经筹募到20亿美元(近150亿元人民币),这些钱都投入到了技术、人才和物流的建设中。与其他电子商务公司相比，京东在快速发展过程中投入了大量人力、物力和技术。如今，京东员工总数过10万人，平板仓库超过300万个，运营成本过大容易被快速发展忽视。其次，人工服务的比例需要提高。机器人服务能力与业务水平仍存在很多改进的地方，而京东APP上大多是机器人服务，人工服务交流的界面较少，并且人工服务的时间较短，顾客在日常上班后，非工作时间的购物比较多，而人工服务基本也下班了，可能因为没有及时反馈客户的售前咨询以及售后的投诉情况，导致了用户满意度的下降。京东商城最早压低价格获得了不少市场份额，这会导致利润下降，因此京东营收资本也受到局限。同时京东社交购物发力不够，相比较小红书和拼多多，京东拼购和京东闪购影响力不深，这样会严重依赖着价格。

网购用户一直以来都高度关注着价格，现如今有比较多的比价网站，因此京东商城通过低价位吸引顾客，京东商城的利润因此受到长期影响，京东的管理层也因此分散了注意力，而减弱了对其他公司环节的关注度。"价格战"只能偶尔使用或者在初级阶段进行市场的细分，如果一直使用"价格战"作为战略武器使用的话，无论对京东自己，还是京东所在的网购行业都存在负面的影响。

香港大学著名教授杨仕名曾说过：不断打出低价格只会降低了用户的心理价位，对整个行业产生危害，市场本身的价值受到影响，而企业如果一直无法获得真正的利润，企业也很能继续投入精力来进行新产品的研发，长此以往，企业本身的发展会受到影响，最后存活下来的企业为了使市场重新回归正轨付出的努力会很多。

如今，电子商务的消费者很大一部分是受过高等教育的网民，他们通常不仅仅关注价格，更关注速度和便利性以及其他附加的产品服务，所以京东商城应该为消费者提供更多的增值服务，确认自身企业的定位，这样能够使自身的品牌定位在消费者眼中有所提升，通过投入更多精力来改善用户体验，才能更吸引消费者。

三、京东商城的融资之路

（一）京东融资历程

京东商城无论在访问量、用户数、销售量及物流配送方面，均在国内网购平台中遥遥领先，这离不开强大的资金做后盾。近几年来京东一共进行了四轮融资，每轮融资都可圈可点，融资金额越来越多。四轮融资总金额接近23亿美元。

京东获得的四轮融资都是股权融资。

第七章　企业风险投资的成功案例

京东首轮融资在 2007 年进行。引入的风投方——今日资本是一家专注于中国市场的国际性投资基金。在这一年京东的营业额是 3.6 亿元。

第二轮融资在 2008 年。京东引进了三家风投方，之前的今日资本继续投资 800 万美元，雄牛资本和梁伯韬私人公司是新引入的投资者。此次融资共计 2100 万美元。

京东的第三轮融资是所有融资中金额最多的一次。从 2010 年底到 2011 年，京东融资金额高达 15 亿美元，投资者也很多，除了老虎基金、俄罗斯 DST、高瓴资本等基金公司，还包括一些个人投资者。这一轮融资京东刷新了电商融资金额纪录。

京东的第四轮融资又在业内掀起一阵浪潮。从 2012 年到 2013 年共融资 7 亿美元。除了上一轮的投资方老虎基金投资 5000 万美元外，还包括加拿大安大略教师退休基金的投资 2.5 亿美元、沙特王国控股公司（Kingdom Holdings Company）投资 4 亿美元。沙特王国控股公司不仅一直在历年沙特最大的 100 名公司中排名前 2 名，而且还投资了包括亚马逊、苹果、花旗集团、可口可乐等诸多各领域全球知名公司。

（二）京东四轮融资的原因

京东的融资和京东的商业模式密不可分，正因为京东独有的商业模式，打造自己的物流、仓储等供应链，京东才会不断进行融资，大部分用于仓储、物流的筹建。

1. 扩充线上产品种类

2006 年的京东踏入电子商务领域才短短两年，营业额不到 8000 万元。此时京东的员工数才不到 40 人，线上销售的产品也很有限，只卖 IT 产品。京东想要扩张，就不得不需要大量资金的支持。

京东在拿到第一轮融资的 1000 万美元后，开始扩张线上产品的种类，进行市场推广，并招聘专业人员规范数据分析和财务控制。自此以后，京东的销售量直线上升。2007 年的销售额就从 2006 年的 8000 万元上升到 3.6 亿元，2008 年更是高达 13.2 亿元。京东用了两年时间就轻松赢了与今日资本五年的对赌。此后京东再也不愿意与投资方签订任何形式的对赌协议。

2. 建设物流系统

2007 年京东获得今日资本投资的 1000 万美元后大力投资了物流和信息系统。在此之前，京东一直用的第三方物流送货。在拥有了自己的物流后，京东送货效率大幅提高，顾客满意度也直线上升。

2009年京东融资了2100万美元，其中70%都用来建设物流系统。根据京东整体规划，京东仓储物流体系的最终建成需要5年时间，资金投入达上百亿元。

3. 建造大型仓库

京东近年来一直有建造大型仓库的计划。投建的仓库相当于8个鸟巢，总面积超过20万平方米，号称"亚洲一号"。每个"亚洲一号"仓库的投入在10亿元左右，按照其规划要建立6个"亚洲一号"，京东准备两年建完，则2012年京东需要投入30亿元。而京东2011年的净营收为211.29亿元，毛利率为5.5%，所以毛利润为11.62亿元。京东此时存在接近20亿元的资金缺口，所以需要尽快融资来填补资金压力。

2011年京东通过第三轮融资获得了15亿美元。一部分资金用来建造"亚洲一号"，一部分开始修建物流中心。其中每个物流中心投资超过6亿元，京东总共投资了7个一级物流中心。所以京东融资来的15亿美元，除了很少一部分用来产品扩张以外，剩下的三分之二都投到了物流和仓库方面。按照京东总体规划，5年内将全面建设自有仓储物流体系，总投资高达200亿元。

4. 筹备POP开放平台业务

2010年京东又开始大力筹备POP（卖点广告）开放平台业务。顾客在京东POP平台一旦下单成功，卖家就可凭一定的订单金额申请向京东提出一定数额的贷款。POP业务现在已经是京东很重要的一项业务，开放平台实现了仓储、配送、客服、售后、货到付款、退换货、自提货等一系列的体系，不仅使入住商家受益，而且也为顾客提供了便捷服务。

京东的POP开放平台在2011年正式投入运营。京东招股书中显示，2012年京东开放平台中仅服装类销售额就超过100亿元，增长速度超过22%。开放平台主要是采取收取佣金的模式，京东每年向商家收取6000元，虽然大于行业平均收费水平，但京东的开放平台更为自由和灵活，不同的服务可以自由组合，京东创新的模式将为以后带来很大营收。

5. 与竞争对手打价格战

京东融资的钱除了建立物流系统和POP开放平台业务以外，其他的则用在了打价格战上面。京东业务分散，每一块想要在竞争中取得优势，都要投入大量资金。2012年8月15日，京东率先发起进攻，宣布大的家电价格将一律低于国美、苏宁连锁店的10%。同时专门请人到苏宁、国美实体店进行观察，如果发现他们产品价格较低，京东立马采取降价或返券的相应措施。

针对京东的挑战，苏宁及时对外公布：苏宁产品价格必须低于京东，一旦有人发现苏宁易购的价格高于京东，苏宁都将调整价格，并给予反馈者相应赔付。继而国美也采取相应措施，对外宣称国美电器的商品价格线上线下都将保持统一，而且都会比京东商城的低5%。一时间电商战火硝烟弥漫。当当网、易迅网、一淘网等通通对京东这一做法提出质疑。

其实京东这样做，就是在大量撒钱的同时，给自己做广告，争夺市场供应链。京东不惜以资金做代价，以换取更多市场份额。京东想要盈利，就不能靠价格战。因为价格战对电商来讲就是内耗，本来利润就低，再打价格战只会降低整个市场价格，得不偿失。京东应该降低各项费用率，严格控制成本输出，在此基础上，不断提升自身的产品服务和质量，提高用户依赖度和满意度，让顾客的流失率降到最低。只有这样京东才能真正盈利，良性发展。

（三）京东融资对公司的未来影响

1. 构建完整体系，提高市场竞争力

从前面的分析可以看出京东每次的融资金额在不断加大，一方面是因为京东扩展业务的需要；另一方面京东的资金缺口确实很大，需要其不断地融资进行填补。京东进行了四轮融资，每一次的融资目的都不相同，从刚开始的扩展产品种类，到之后的自建仓库、物流等，都体现了京东用融资来的钱不断完善其服务体系，给用户带来更好的服务体验。在京东看来，当时不盈利不代表以后没有盈利的能力。京东缩短物流配送的时间能带给客户很好的服务体验，提高客户满意度，从而提升京东的市场份额。

2. 提升供应链价值，降低运营成本

电子商务想要发展就一定要建立自己的配送和售后服务。正因为京东在其配送和售后方面具有明显优势，营业额才能年年翻番。物流一直是京东的核心竞争力所在。但不是所有电商都适合自建物流，只有订单量达到一定的数量，自建才有可能盈利，否则沉重的自建成本将使企业陷入巨大的资金压力。而京东就是利用低价，扩大销售量，以此缓解物流上的压力。

京东自建的物流体系不仅缩短了供应链流程，为用户提供了更加便捷的服务，还大大缩减了自身的运营成本。商品从厂商生产基地可以直接进入京东库房，再由库房直接运送至配送站，最后送达客户。短短的三个环节，京东就能把商品送到顾客手中，大大降低了运营成本。

四、京东融资成功的启示

京东作为综合类中间商模式电商,在采购、销售、物流配送、售后等方面的投入都很大。京东的优势在于供应链方面,通过缩减中间环节,使商品直接到达消费者手中,这样做的好处是减少了货物流通成本,但需要投入更多的资金来支撑供应链的有序衔接。而支撑这条供应链的关键就在于京东的信息系统,这又是需要投入大量资金才能建成的。京东能使信息流、物流、资金流一体化,都是通过建立完善的信息系统,来提高整个供应链的效益。所以这些都决定了京东需要不断融资,以此获得大量资金。

(一)提升供应链价值需要融资

虽然京东的营业额从 2004 年加入电子商务领域以来一直呈倍数增长,在 2013 年突破 1000 亿元大关,但是京东却一直没有什么盈利。这是因为京东急于扩张,短短几年就建设了很多产品线,同时大力建设物流站点和仓库。京东如果再不融资,必然会各体系衔接不上,面临资金链断裂的危险。电商本身也是一个烧钱的领域,如果没有雄厚的资金做后盾,想要其长远发展,难度很大。京东想要在行业立足,就不得不依靠引入投资方,建立自己的物流、信息系统,打造完善的采购、销售、配送一体化的服务,全面提高其竞争优势,所以京东才一次次的进行融资。

(二)融资要适度

从京东的融资过程和问题可以看出,虽然京东一直在融资,但依然存在亏损。京东的融资不仅金额巨大而且频繁。如果京东再不选择上市,就可能存在资金链断裂的风险。所以对其他电商也是如此,在依靠融资的同时,要利用自身的创新,不管是经营模式还是营销模式,为企业真正盈利,而不是销售额很高,却还存在亏损。这就要求企业在发展的同时,内源融资和外源融资都不能忽略,依靠企业自身的特点,选择适合自己的融资方式,只有这样,企业才能长久发展。

(三)融资过程中要紧抓控制权

京东融资成功之处在于虽然进行多次融资,但控制权却从未落入旁人手中。其实行 AB 股机制,刘强东持有 B 类,1 票相当于 20 票的投票权,这大大增加了自身的话语权。

参考文献

[1] 刘二丽．风险投资企业的信任、投资后管理对创业企业成长绩效的影响研究［M］．北京：中国经济出版社，2011．

[2] 白远．中国企业对外直接投资风险论［M］．北京：中国金融出版社，2012．

[3] 张萍．中国企业对外投资的政治风险及管理研究［M］．上海：上海社会科学院出版社，2012．

[4] 黄霖．企业风险管理案例分析［M］．北京：北京理工大学出版社，2013．

[5] 王海军．中国企业对外直接投资的国家经济风险［M］．北京：中国经济出版社，2014．

[6] 中国出口信用保险公司资信评估中心．中国企业境外投资和对外承包工程风险管控及案例分析［M］．北京：中国经济出版社，2015．

[7] 谈毅．风险投资与创新［M］．上海：上海交通大学出版社，2015．

[8] 赵渊贤．治理机制与内控有效性及企业风险研究［M］．北京：中国市场出版社，2015．

[9] 李一文．中国企业海外投资经营风险预警与防范综合系统对策研究［M］．北京：中国商务出版社，2015．

[10] 庄平．企业投资风险与管理者非理性特征［M］．大连：东北财经大学出版社，2015．

[11] 任缙．企业证券投资行为治理因素及风险控制：基于中国上市公司的分析［M］．成都：四川人民出版社，2016．

[12] 蔺琛．企业风险管理研究［M］．北京：北京希望电子出版社，2019．

[13] 沈华，史为夷．中国企业海外投资的风险管理和政策研究［M］．北京：商务印书馆，2017．

［14］王玉荣，尹建华. 创业管理与风险投资案例［M］. 北京：对外经济贸易大学出版社，2017.

［15］刘琳琳，张强. 风险投资与中小企业业绩关系研究［J］. 商场现代化，2019（24）：109-110.

［16］杨得玮. 基于行为金融探析风险投资基金与中小企业之间的股权分配［J］. 营销界，2019（52）：19-20.

［17］江文波. 关于风险投资与企业融资的探讨［J］. 中国产经，2020（18）：99-100.

［18］寇小萱，李琼. 基于企业家创新的风险投资对创业企业成长的影响研究［J］. 经营与管理，2020（10）：15-23.

［19］孙德峰，范从来，胡恒强. 风险投资阶段选择对企业创新能力提升的影响［J］. 商业研究，2020（8）：71-81.

［20］崔健. 我国企业风险投资发展的问题和建议［J］. 经营与管理，2020（9）：15-18.

［21］潘圆圆. 美国对外国风险投资的限制与突围［J］. 中国外汇，2020（13）：68-69.

［22］赵婉婷. 高新技术企业风险投资退出机制的国际比较［J］. 财会通讯，2020（12）：156-160.

［23］吴楠. 大数据时代企业风险投资与财务风险防范研究［J］. 经济研究导刊，2020（19）：57-58.

［24］林建秀. 风险投资对企业增值效应的作用机制与调节因素分析［J］. 上海对外经贸大学学报，2020，27（3）：25-37.

［25］黄天翔. 风险投资对企业技术创新激励效应研究［J］. 合作经济与科技，2020（6）：70-71.

［26］张志，薛红. 风险投资对高新技术企业发展的影响研究［J］. 现代商业，2020（4）：117-119.